本書の特色と使い方

ゆっくりていねいに、段階を追った学習ができます。支援学級などでの個別指導にも最適です。

・問題量に配慮した、ゆったりとした紙面構成で、読み書きが苦手な子どもでも、ゆっくりていねいに段階を追って学習することができます。

・漢字が苦手な子どもでも学習意欲が減退しないように、問題文の全ての漢字にふりがなを記載しています。

光村図書国語教科書から抜粋した詩・物語・説明文教材、ことば・文法教材の問題を掲載しています。

・教科書掲載教材を使用して、授業の進度に合わせて予習・復習ができます。

・目次に 教科書 マークがついている単元は、教科書の本文が掲載されていません。教科書をよく読んで学習しましょう。

どの子も理解できるよう、文章読解を支援する工夫をしています。

・長い文章の読解問題の場合は、読みとりやすいように、問題文を二つなどに区切って、問題文と設問に 1 、 2 …と番号をつけ、短い文章から読みとれるよう配慮しました。

・読解のワークシートでは、設問の中で着目すべき言葉に傍線（サイドライン）を引いておきました。

・記述解答が必要な設問については、答えの一部をあらかじめ解答欄に記載しておきました。

学習意欲をはぐくむ工夫をしています。

・解答欄をできるだけ広々と書きやすいよう配慮しています。

・内容を理解するための説明イラストなども多数掲載しています。イラストは色塗りなども楽しめます。

シートの解答例について（お家の方や先生方へ）

書の解答は、あくまでもひとつの「解答例」です。お子さまに取り組ませる前に、必ず指導る方が問題を解いてください。指導される方の作られた解答をもとに、お子さまの多様な考えにって〇つけをお願いします。

ゆっくり　ていねいに学べる

国語教科書支援ワーク

（光村図書の教材より抜粋）

もくじ　4-①

かがやき

名前

● 次《つぎ》の詩《し》を二回《にかい》読《よ》んで、答《こた》えましょう。

かがやき

雲《くも》がかがやいている。
林《はやし》の上《うえ》で。
みんなのほおもかがやいている。
湖《みずうみ》のほとりで。
あ、今《いま》、㋐太陽《たいよう》が
山《やま》をはなれた。

※ほとり…そば。近《ちか》く。

（令和二年度版　光村図書　国語四上　かがやき　羽曽部《はそべ》　忠《ただし》）

(1) 雲《くも》は、どこでかがやいていますか。

(2) みんなは、どこにいますか。

(3) ㋐太陽《たいよう》が山《やま》をはなれたとは、どんな様子《ようす》を表《あらわ》していますか。○をつけましょう。

（　）山《やま》の向《む》こうからのぼってきた太陽《たいよう》が、山《やま》の上《うえ》にすべて出《で》てきた様子《ようす》。

（　）太陽《たいよう》が、山《やま》の向《む》こうにゆっくりしずんでいく様子《ようす》。

(4) この詩《し》は、一日《いちにち》のうちのいつごろのことを表《あらわ》した詩《し》ですか。一《ひと》つに○をつけましょう。

（　）夜明《よあ》けごろ

（　）昼《ひる》

（　）夕方《ゆうがた》ごろ

春《はる》のうた

● 次《つぎ》の詩《し》を二回《にかい》読《よ》んで、答《こた》えましょう。

名前

かえるは冬《ふゆ》のあいだは土《つち》の中《なか》にいて
春《はる》になると地上《ちじょう》に出《で》てきます。
そのはじめての日《ひ》のうた。

春《はる》のうた

草野《くさの》　心平《しんぺい》

ほっ　㋐まぶしいな。
ほっ　㋑うれしいな。

みずは　つるつる。
かぜは　そよそよ。
ケルルン　クック。
ああいいにおいだ。
ケルルン　クック。

ほっ　いぬのふぐりがさいている。
ほっ　おおきなくもがうごいてくる。

ケルルン　クック。
ケルルン　クック。

※いぬのふぐり…三月《さんがつ》から四月《しがつ》の春早《はるはや》くに道《みち》ばたに小《ちい》さな花《はな》をつけてさく、「おおいぬのふぐり」のことと考《かんが》えられる。

（令和二年度版　光村図書　国語四上　かがやき　草野　心平）

(1) この詩《し》は、かえるが、春《はる》になって、どこからどこにはじめて出《で》てきた日《ひ》のことをうたっていますか。

［　　　　］から［　　　　］にはじめて出《で》てきた日《ひ》。

(2) ㋐まぶしいな。㋑うれしいな。と思《おも》っているのは、だれですか。

［　　　　］

(3) 「ケルルン　クック。」とは、何《なに》を表《あらわ》したものですか。○をつけましょう。

（　）水《みず》や風《かぜ》の音《おと》。
（　）かえるの鳴《な》き声《ごえ》。

(4) かえるの目《め》に見《み》えたものは、何《なん》でしたか。二《ふた》つ見《み》つけて、詩《し》の中《なか》の六文字《ろくもじ》の言葉《ことば》で書《か》き出《だ》しましょう。

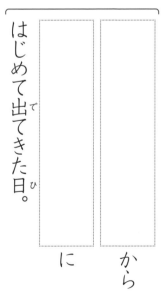

白《しろ》いぼうし　(1)

名前

● 教科書《きょうかしょ》の「白《しろ》いぼうし」の全文《ぜんぶん》を読《よ》んだ後《あと》、次《つぎ》の文章《ぶんしょう》を二回《にかい》読《よ》んで、答《こた》えましょう。

1

〔松井《まつい》さんは、タクシーの運転手《うんてんしゅ》です。道《みち》に落《お》ちていた白《しろ》いぼうしを松井《まつい》さんがつまみ上《あ》げたとたん、ちょうが飛《と》び出《だ》してにげてしまいました。松井《まつい》さんは、その白《しろ》いぼうしの中《なか》に、持《も》っていた夏《なつ》みかんを入《い》れておきました。〕

車《くるま》にもどると、おかっぱのかわいい女《おんな》の子《こ》が、ちょこんと後《うし》ろのシートにすわっています。

2

あ「道《みち》にまよったの。行《い》っても行《い》っても、四角《しかく》い建物《たてもの》ばかりだもん。」

つかれたような声《こえ》でした。

い「ええと、どちらまで。」

う「え。——ええ、あの、あのね、菜《な》の花横丁《はなよこちょう》ってあるかしら。」

え「菜《な》の花橋《はなばし》のことですね。」

1

(1) 松井《まつい》さんが車《くるま》にもどると、だれが後《うし》ろのシートにすわっていましたか。

(2) 女《おんな》の子《こ》がすわっている様子《ようす》を表《あらわ》している言葉《ことば》を、文中《ぶんちゅう》から四文字《よんもじ》で答《こた》えましょう。

2

(1) あ～えのうち、女《おんな》の子《こ》の言葉《ことば》を二《ふた》つえらんで、記号《きごう》で答《こた》えましょう。

(2) 女《おんな》の子《こ》は、どんな声《こえ》で話《はな》しましたか。

(3) 女《おんな》の子《こ》が行《い》きたい場所《ばしょ》は、どこですか。○をつけましょう。

(　) 四角《しかく》い建物《たてもの》

(　) 菜《な》の花橋《はなばし》

(令和二年度版　光村図書　国語四上　かがやき　あまん　きみこ)

白《しろ》いぼうし　(2)

名前

● 次《つぎ》の文章《ぶんしょう》を二回《にかい》読《よ》んで、答《こた》えましょう。

1

エンジンをかけたとき、遠《とお》くから、元気《げんき》そうな男《おとこ》の子《こ》の声《こえ》が近《ちか》づいてきました。

「あのぼうしの下《した》さあ。お母《かあ》ちゃん、本当《ほんとう》だよ。本当《ほんとう》のちょうちょが、いたんだもん。」

2

水色《みずいろ》の新《あたら》しい虫《むし》とりあみをかかえた男《おとこ》の子《こ》が、エプロンを着《つ》けたままのお母《かあ》さんの手《て》を、ぐいぐい引《ひ》っぱってきます。

「ぼくが、あのぼうしを開《あ》けるよ。だから、お母《かあ》ちゃんは、このあみでおさえてね。あれっ、石《いし》がのせてあらあ。」

（令和二年度版　光村図書　国語四上　かがやき　あまん　きみこ）

1

(1) 松井《まつい》さんがエンジンをかけたとき、だれの声《こえ》が近《ちか》づいてきましたか。

(2) 男《おとこ》の子《こ》は、ぼうしの下《した》に何《なに》がいたと言《い》っていますか。

2

(1) 男《おとこ》の子《こ》が持《も》っていたものは、何《なん》ですか。

(2) 男《おとこ》の子《こ》は、お母《かあ》さんにどんなことをたのみましたか。○をつけましょう。

（　）ぼうしを開《あ》けること。

（　）ぼうしの中《なか》のちょうちょが出《で》てきたら、あみでおさえること。

白《しろ》いぼうし　(3)

名前

● 次《つぎ》の文章《ぶんしょう》を二回《にかい》読《よ》んで、答《こた》えましょう。

1

客席《きゃくせき》の女《おんな》の子《こ》が、後《うし》ろから乗《の》り出《だ》して、㋐せかせかと言《い》いました。

「早《はや》く、おじちゃん。早《はや》く行《い》ってちょうだい。」

2

松井《まつい》さんは、あわててアクセルをふみました。㋑やなぎのなみ木《き》が、みるみる後《うし》ろに流《なが》れていきます。

※アクセル…ペダルをふむと、速度《そくど》が速《はや》くなる自動車《じどうしゃ》のそうち。

（令和二年度版　光村図書　国語四上　かがやき　あまん　きみこ）

1

(1) 女《おんな》の子《こ》は、どこにすわっていますか。

タクシーの［　　　　］。

(2) ㋐せかせかとは、どんな様子《ようす》のことですか。○をつけましょう。

（　）ゆったりと落《お》ち着《つ》いている様子《ようす》。

（　）あわてて落《お》ち着《つ》きがない様子《ようす》。

2

(1) あわててアクセルをふんだのは、だれですか。

［　　　　］

(2) ㋑やなぎの…流《なが》れていきます。とは、どんな様子《ようす》を表《あらわ》していますか。○をつけましょう。

（　）松井《まつい》さんの車《くるま》が、速度《そくど》を上《あ》げてなみ木道《きみち》を進《すす》む様子《ようす》。

（　）やなぎのえだが強《つよ》い風《かぜ》でゆれている様子《ようす》。

白《しろ》いぼうし　(4)

名前

● 次《つぎ》の文章《ぶんしょう》を二回《にかい》読《よ》んで、答《こた》えましょう。

1

「お母《かあ》さんが、虫《むし》とりあみを
かまえて、あの子《こ》がぼうしを
そうっと開《あ》けたとき――。」と、
㋐ハンドルを回《まわ》しながら、
松井《まつい》さんは思《おも》います。
「あの子《こ》は、どんなに
㋑目《め》を丸《まる》く
したろう。」

2

すると、ぽかっと口《くち》を
O《オー》の字《じ》に開《あ》けている
男《おとこ》の子《こ》の顔《かお》が、見《み》えてきます。
「おどろいただろうな。
まほうのみかんと思《おも》うかな。
なにしろ、ちょうが
化《ば》けたんだから――。」

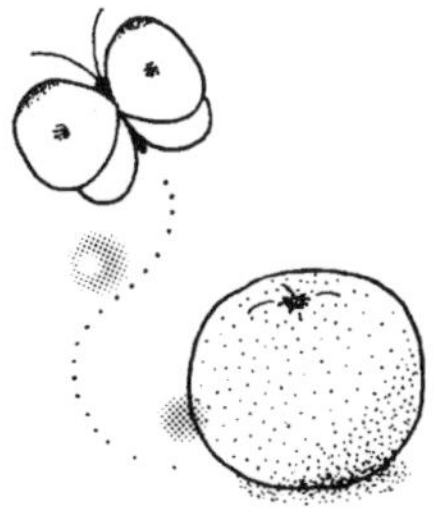

（令和二年度版　光村図書　国語四上　かがやき　あまん　きみこ）

1

(1) ㋐ハンドルを回《まわ》しながらとは、どんな意味《いみ》ですか。○をつけましょう。

（　）車《くるま》を運転《うんてん》しながら。
（　）車《くるま》のまどを開《あ》けながら。

(2) ㋑目《め》を丸《まる》くするとは、どんな様子《ようす》を表《あらわ》していますか。○をつけましょう。

（　）かなしんでいる様子《ようす》。
（　）おどろいている様子《ようす》。

2

(1) 松井《まつい》さんには、男《おとこ》の子《こ》のどんな様子《ようす》の顔《かお》が、見《み》えてきましたか。

［　　　　］いる顔《かお》。

(2) 松井《まつい》さんは、男《おとこ》の子《こ》がなぜまほうのみかんと思《おも》うと考《かんが》えたのですか。

男《おとこ》の子《こ》は、［　］［　］［　］が
みかんに化《ば》けたと考《かんが》えると思《おも》ったから。

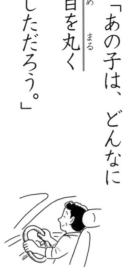

白《しろ》いぼうし (5)

名前

● 次《つぎ》の文章《ぶんしょう》を二回《にかい》読《よ》んで、答《こた》えましょう。

1

「ふふふっ。」

㋐ひとりでにわらいがこみ上《あ》げてきました。でも、次《つぎ》に、

「おや。」

㋑松井《まつい》さんはあわてました。

バックミラーには、だれもうつっていません。ふり返《かえ》っても、だれもいません。

※バックミラー…自動車《じどうしゃ》の運転席《うんてんせき》から、後《うし》ろのほうを見《み》るためのかがみ。

2

「おかしいな。」

松井《まつい》さんは車《くるま》を止《と》めて、考《かんが》え考《かんが》え、まどの外《そと》を見《み》ました。

そこは、小《ちい》さな団地《だんち》の前《まえ》の小《ちい》さな野原《のはら》でした。

1

(1) ㋐ひとりでにとは、どんな意味《いみ》ですか。一《ひと》つに○をつけましょう。

（　）ひとりぼっちで。

（　）しぜんに。

（　）むりをして。

(2) ㋑松井《まつい》さんはあわてたのは、どうしてですか。

後《うし》ろの客席《きゃくせき》に［　　　］いなかったから。

2

(1) 「おかしいな。」と言《い》ったのは、だれですか。

［　　　］

(2) まどの外《そと》に見《み》えたのは、何《なん》でしたか。

小《ちい》さな団地《だんち》の前《まえ》の［　　　］。

（令和二年度版　光村図書　国語四上　かがやき　あまん　きみこ）

白《しろ》いぼうし (6)

名前

● 次《つぎ》の文章《ぶんしょう》を二回《にかい》読《よ》んで、答《こた》えましょう。

1

〔松井《まつい》さんがまどの外《そと》に見《み》たのは、小《ちい》さな野原《のはら》でした。〕

白《しろ》いちょうが、二十《にじゅう》も三十《さんじゅう》も、いえ、もっとたくさん飛《と》んでいました。クローバーが青々《あおあお》と広《ひろ》がり、わた毛《げ》と黄色《きいろ》の花《はな》の交《ま》ざったたんぽぽが、点々《てんてん》のもようになってさいています。

2

その上《うえ》を、おどるように飛《と》んでいるちょうをぼんやり見《み》ているうち、松井《まつい》さんには、こんな声《こえ》が聞《き》こえてきました。

「よかったね。」

「よかったよ。」

「よかったね。」

「よかったよ。」

それは、シャボン玉《だま》のはじけるような、小《ちい》さな小《ちい》さな声《こえ》でした。

（令和二年度版　光村図書　国語四上　かがやき　あまん　きみこ）

1

(1) 小《ちい》さな野原《のはら》には、何《なに》がたくさん飛《と》んでいましたか。

(2) 何色《なにいろ》のたんぽぽが、点々《てんてん》のもようになっていますか。二《ふた》つに○をつけましょう。

（　）青色《あおいろ》　（　）白色《しろいろ》

（　）黄色《きいろ》　（　）赤色《あかいろ》

2

(1) ちょうは、どんなふうに飛《と》んでいますか。

［　　　］ように飛《と》んでいる。

(2) 松井《まつい》さんに聞《き》こえてきたのは、どんな言葉《ことば》でしたか。文中《ぶんちゅう》から二《ふた》つ書《か》き出《だ》しましょう。

本《ほん》は友達《ともだち》

図書館《としょかん》の達人《たつじん》になろう

名前

教科書《きょうかしょ》の「図書館《としょかん》の達人《たつじん》になろう」を読《よ》んで、答《こた》えましょう。

● 次《つぎ》のせつめいに合《あ》う、図書館《としょかん》のくふうを［　］からえらんで、記号《きごう》で答《こた》えましょう。

① 図書館内《としょかんない》の、どこに、どんな本《ほん》がおかれているかをしめしている地図《ちず》。 □

② 今《いま》、話題《わだい》になっている本《ほん》や、新《あたら》しく入《はい》った本《ほん》が、まとめておいてある場所《ばしょ》。 □

③ さがしている本《ほん》が、その図書館《としょかん》にあるかどうかや、どのたなにあるかなどを調《しら》べることができる。 □

④ 本《ほん》の背《せ》に はられているもの。その本《ほん》が、どのたなにおかれているかや、本《ほん》の作者《さくしゃ》の名前《なまえ》を、文字《もじ》や番号《ばんごう》でしめしている。 □

〈ラベルのれい〉

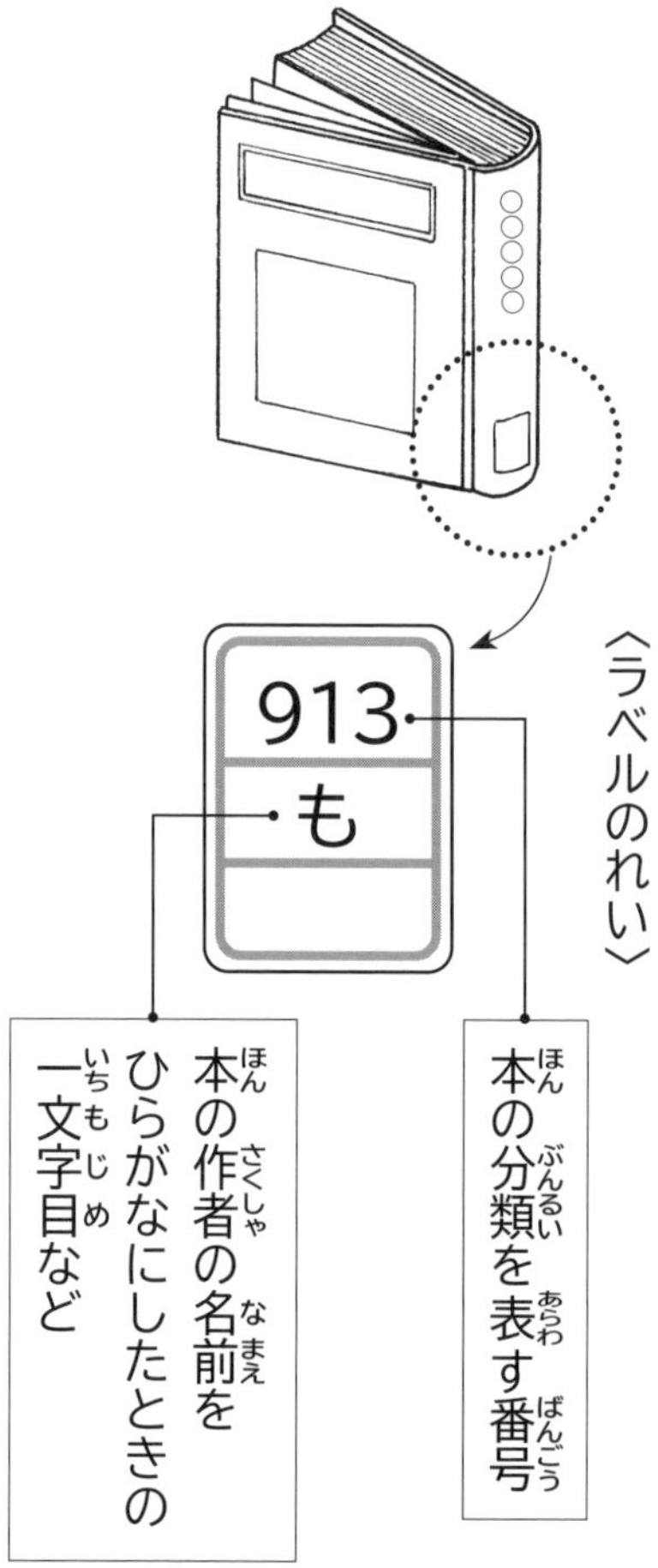
913
も
本《ほん》の分類《ぶんるい》を表《あらわ》す番号《ばんごう》
本《ほん》の作者《さくしゃ》の名前《なまえ》をひらがなにしたときの一文字目《いちもじめ》など

- ㋐ ラベル
- ㋑ けんさく用《よう》コンピュータ
- ㋒ あんない図《ず》
- ㋓ 本《ほん》をしょうかいするコーナー

漢字《かんじ》の組《く》み立《た》て (1)

名前

★「へん」と「つくり」について、たしかめておきましょう。

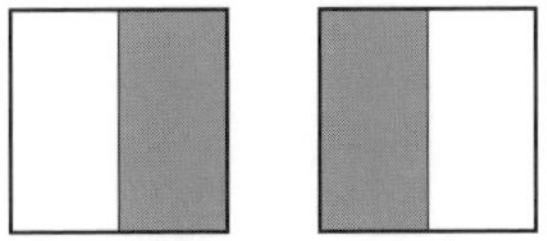

へん
漢字《かんじ》の左側《ひだりがわ》にあり、おおまかな意味《いみ》を表《あらわ》す部分《ぶぶん》のこと。
「言」（ごんべん）の漢字《かんじ》…「語」「読」など（言葉《ことば》に関係《かんけい》がある）

つくり
漢字《かんじ》の右側《みぎがわ》にある部分《ぶぶん》で、おおまかな意味《いみ》を表《あらわ》すこともある。
「頁」（おおがい）の漢字《かんじ》…「頭」「顔」など（頭部《とうぶ》に関係《かんけい》がある）

● 次《つぎ》の部分《ぶぶん》をもつ漢字《かんじ》を［　］からえらんで、［　］に書《か》きましょう。

① 
かんむり
くさかんむり
［花］

② 
あし
こころ
［　］

③ 
にょう
しんにょう
［　］

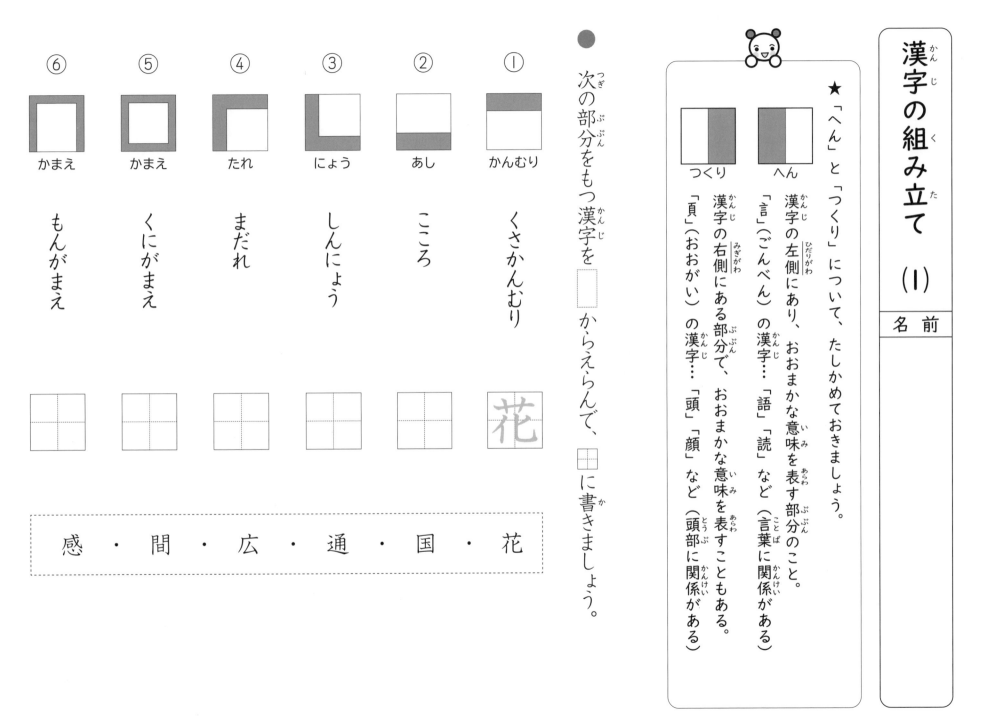

④ 
たれ
まだれ
［　］

⑤ 
かまえ
くにがまえ
［　］

⑥ 
かまえ
もんがまえ
［　］

感・間・広・通・国・花

漢字《かんじ》の組《く》み立《た》て (2)

名前

● 〈例《れい》〉のように、二《ふた》つのカードを組《く》み合《あ》わせて、一《ひと》つの漢字《かんじ》を作《つく》ります。

〈例《れい》〉 艹（くさかんむり）と 化 の組《く》み合《あ》わせ
↓
花

(1) ①〜③のカードに合《あ》うカードを □ からえらんで漢字《かんじ》を作《つく》り、□ に書《か》きましょう。

① 宀 うかんむり 安

② ⻗ あめかんむり

③ 心 こころ

亜　女　ヨ

(2) ①〜③のカードに合《あ》うカードを □ からえらんで漢字《かんじ》を作《つく》り、□ に書《か》きましょう。

① 辶 しんにょう（しんにゅう）

② 广 まだれ

③ 囗 くにがまえ

乂　ム　首

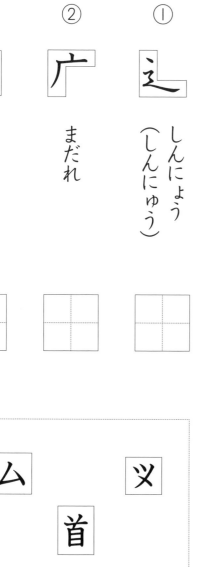

漢字《かんじ》の組《く》み立《た》て (3)

名前

(1) （　）に合《あ》う言葉《ことば》を、□からえらんで書《か》きましょう。

① 艹 は、主《おも》に（　　　）に関係《かんけい》のある漢字《かんじ》を作《つく》る。（花、草、菜など）

② 雨 は、主《おも》に（　　　）に関係《かんけい》のある漢字《かんじ》を作《つく》る。（雲、雪など）

③ 灬 は、主《おも》に（　　　）に関係《かんけい》のある漢字《かんじ》を作《つく》る。（照、熱など）

植物《しょくぶつ》・火《ひ》・天気《てんき》

(2) 次《つぎ》の①～③の漢字《かんじ》と同《おな》じ部分《ぶぶん》をもつ漢字《かんじ》を、□からえらんで□に書《か》きましょう。また、その部分《ぶぶん》は、主《おも》にどんなことに関係《かんけい》がありますか。下《した》からえらんで——線《せん》でむすびましょう。

① 筆　□　・　　・道《みち》

② 遠　□　・　　・気持《きも》ちや考《かんが》え

③ 意　□　・　　・竹《たけ》

思・通・箱

漢字《かんじ》の組《く》み立《た》て ⑷

名前

(1) 次《つぎ》の①〜③は、同《おな》じ部《ぶ》分《ぶん》をもつ二《ふた》つの漢《かん》字《じ》です。その同《おな》じ部《ぶ》分《ぶん》の名《な》前《まえ》を□からえらんで（　）に書《か》きましょう。

① 悪・感（　　　　）

② 開・間（　　　　）

③ 花・薬（　　　　）

くさかんむり ・ こころ ・ もんがまえ

(2) 次《つぎ》の①〜③の漢《かん》字《じ》と同《おな》じ部《ぶ》分《ぶん》をもつ漢《かん》字《じ》を、□からえらんで書《か》きましょう。
また、その部《ぶ》分《ぶん》の名《な》前《まえ》を——線《せん》でむすびましょう。

① 園 □ ・　　・しんにょう（しんにゅう）

② 熱 □ ・　　・くにがまえ

③ 近 □ ・　　・れんが（れっか）

週 ・ 国 ・ 照

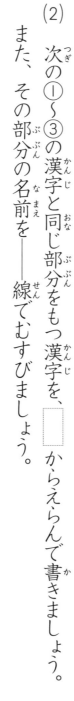

漢字《かんじ》辞典《じてん》の使《つか》い方《かた》（1）

名前

教科書《きょうかしょ》の「漢字辞典《かんじじてん》の使《つか》い方《かた》」を読《よ》んで、答《こた》えましょう。

(1) 次《つぎ》の①～③のようなときには、漢字辞典《かんじじてん》（漢和辞典《かんわじてん》）のどのさくいんを使《つか》って漢字《かんじ》をさがすとよいでしょうか。下《した》からえらんで――線《せん》でむすびましょう。

① 漢字《かんじ》の部首《ぶしゅ》を手《て》がかりにするとき。 ・　　・総画《そうかく》さくいん

② 漢字《かんじ》の音《おん》か訓《くん》の読《よ》み方《かた》が分《わ》かっているとき。 ・　　・部首《ぶしゅ》さくいん

③ 漢字《かんじ》の読《よ》み方《かた》も部首《ぶしゅ》も分《わ》からないとき。 ・　　・音訓《おんくん》さくいん

(2) 漢字辞典《かんじじてん》（漢和辞典《かんわじてん》）で「薬」という字《じ》をさがします。次《つぎ》の①～③は、どの引《ひ》き方《かた》をしたものですか。□からえらんで記号《きごう》で答《こた》えましょう。

① 「薬」の総画数《そうかくすう》を数《かぞ》えて、その画数《かくすう》のところから調《しら》べる。 □

② 「艹」の画数《かくすう》を調《しら》べてから、「艹」がのっているページを見《み》つけ、その中《なか》からさがす。 □

③ 音読《おんよ》みの「ヤク」か、訓読《くんよ》みの「くすり」で調《しら》べる。 □

ア 音訓引《おんくんひ》き　イ 部首引《ぶしゅひ》き　ウ 総画引《そうかくひ》き

漢《かん》字《じ》辞《じ》典《てん》の使《つか》い方《かた》 (2)

名前

●「音訓《おんくん》さくいん」で漢字《かんじ》をさがします。次《つぎ》の場合《ばあい》の漢字《かんじ》の読《よ》みがなを（　）に書《か》きましょう。また、先《さき》にさくいんに出《で》てくるほうの記号《きごう》を□に書《か》きましょう。

① 訓《くん》読《よ》みの読《よ》みがなをひらがなで書《か》きましょう。

㋐ 水（みず）

㋑ 店（みせ）

（先《さき》に出《で》てくるほう）㋐

② 訓《くん》読《よ》みの読《よ》みがなをひらがなで書《か》きましょう。

㋐ 古い（　　）い

㋑ 深い（　　）い

（先《さき》に出《で》てくるほう）□

③ 音《おん》読《よ》みの読《よ》みがなをカタカナで書《か》きましょう。

㋐ 活（　　）

㋑ 館（　　）

（先《さき》に出《で》てくるほう）□

④ 音《おん》読《よ》みの読《よ》みがなをカタカナで書《か》きましょう。

㋐ 級（　　）

㋑ 客（　　）

（先《さき》に出《で》てくるほう）□

漢字《かんじ》辞典《じてん》の使《つか》い方《かた》 (3)

名前

(1) 「部首《ぶしゅ》さくいん」で漢字《かんじ》をさがします。〈例《れい》〉のように、次《つぎ》の漢字《かんじ》の部首《ぶしゅ》を□に、その画数《かくすう》を漢数字《かんすうじ》で（　）に書《か》きましょう。

〈例《れい》〉 海　氵　（三）画《かく》

① 休　□　（　　）画《かく》

② 校　□　（　　）画《かく》

③ 近　□　（　　）画《かく》

④ 筆　□　（　　）画《かく》

(2) 次《つぎ》の漢字《かんじ》の部首名《ぶしゅめい》を□からえらんで書《か》きましょう。

① 動　□

② 庭　□

③ 級　□

④ 等　□

いとへん・まだれ・ちから・たけかんむり

漢字辞典《かんじじてん》の使《つか》い方《かた》 (4)

名前

(1) 「総画《そうかく》さくいん」で漢字《かんじ》をさがします。次《つぎ》の漢字《かんじ》の総画数《そうかくすう》を、漢数字《かんすうじ》で書《か》きましょう。

① 世（五）画《かく》

② 区（　）画《かく》

③ 切（　）画《かく》

④ 写（　）画《かく》

⑤ 近（　）画《かく》

⑥ 発（　）画《かく》

(2) 次《つぎ》の漢字《かんじ》の総画数《そうかくすう》は何画《なんかく》でしょう。正《ただ》しいほうを○でかこみましょう。

① 子（二画《にかく》・三画《さんかく》）

② 引（四画《よんかく》・五画《ごかく》）

③ 池（六画《ろっかく》・七画《しちかく》）

④ 部（十画《じっかく》・十一画《じゅういっかく》）

⑤ 起（十画《じっかく》・十一画《じゅういっかく》）

⑥ 遊（十一画《じゅういっかく》・十二画《じゅうにかく》）

きせつの言葉《ことば》ー

春《はる》の楽《たの》しみ (1)

名前

(1) 次《つぎ》の文章《ぶんしょう》は、春《はる》の行事《ぎょうじ》についてせつめいしたものです。（　）にあてはまる言葉《ことば》を□からえらんで書《か》きましょう。

① 三月三日《さんがつみっか》のひな祭《まつ》りには、（　　）をかざり、（　　）や、ももの花《はな》などをそなえます。

② さくらの花《はな》がさくころになると、多《おお》くの人《ひと》が（　　）をして、花《はな》がさきそろうと（　　）を楽《たの》しみます。

③ 五月五日《ごがついつか》のこどもの日《ひ》には、（　　）を立《た》てたり、（　　）やちまきを食《た》べたりします。

・かしわもち　・お花見《はなみ》　・ひしもち
・花《はな》ざかり　・ひな人形《にんぎょう》　・こいのぼり

(2) 次《つぎ》の言葉《ことば》の中《なか》で、春《はる》にかんけいする言葉《ことば》を三《みっ》つえらんで、○をつけましょう。

（　）花見《はなみ》だんご　（　）かがみもち
（　）月見《つきみ》だんご　（　）さくらもち
（　）新茶《しんちゃ》　（　）豆《まめ》まき

きせつの言葉《ことば》１
春《はる》の楽《たの》しみ (2)

名前

(1) 次《つぎ》の文章《ぶんしょう》は、「花《はな》いかだ」「茶《ちゃ》つみ」の言葉《ことば》をせつめいしたものです。（　）にあてはまる言葉《ことば》を［　］からえらんで書《か》きましょう。

① 花《はな》いかだ

さくらの（　　　）が、川《かわ》の（　　　）にたまって流《なが》れているのを「いかだ」に見立《みた》てた言葉《ことば》。

［ 水面《すいめん》・花《はな》びら ］

※いかだ……ふねのようなもの。木《き》や竹《たけ》を何本《なんぼん》もむすび合《あ》わせて水《みず》にうかぶようにしたもの。

② 茶《ちゃ》つみ

お茶《ちゃ》の木《き》の新芽《しんめ》をつむこと。その年《とし》の新芽《しんめ》をつんで作《つく》ったお茶《ちゃ》を（　　　）という。立春《りっしゅん》（二月四日《にがつよっか》ごろ）から数《かぞ》えて八十八日目《はちじゅうはちにちめ》のことを（　　　）といい、このころが茶《ちゃ》つみの時期《じき》とされている。

［ 新茶《しんちゃ》・八十八夜《はちじゅうはちや》 ］

(2) 次《つぎ》の俳句《はいく》について答《こた》えましょう。

> 雛壇《ひなだん》や襖《ふすま》はらひ《（い）》てはるかより　水原《みずはら》 秋櫻子《しゅうおうし》

（令和二年度版　光村図書　国語四上　かがやき「春の楽しみ」による）

① 五《ご》・七《しち》・五《ご》のリズムで読《よ》めるように、上《うえ》の俳句《はいく》を／線《せん》で区切《くぎ》りましょう。

② 季語《きご》（きせつの言葉《ことば》）を見《み》つけて、ひらがな四文字《よんもじ》で書《か》きましょう。

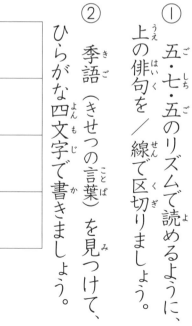

聞《き》き取《と》りメモのくふう

名前

教科書《きょうかしょ》の「聞《き》き取《と》りメモのくふう」を読《よ》んで、答《こた》えましょう。

● けいじ係《がかり》の活動《かつどう》のせつめいと、おねがいを聞《き》いて、竹中《たけなか》さんと北山《きたやま》さんは、次《つぎ》のようなメモを取《と》りました。メモを読《よ》んで、問題《もんだい》に答《こた》えましょう。

■竹中《たけなか》さんのメモ

けいじ係《がかり》

活 ― 楽《たの》しいけいじ物《ぶつ》
作《つく》ってはる
来《らい》しゅう
すきなスポーツ

ね ― あさってまで
たかはしさん
スポーツ①

■北山《きたやま》さんのメモ

〈活動《かつどう》〉
・楽《たの》しんでもらえるけいじ物《ぶつ》を作《つく》る。
・来週《らいしゅう》はスポーツをまとめてけいじ。

〈おねがい〉
(あさってまで)に
たかはしさんに
好《す》きなスポーツ　一《ひと》つ

（令和二年度版　光村図書　国語四上　かがやき「聞き取りメモのくふう」による）

(1) 竹中《たけなか》さんと北山《きたやま》さんの、それぞれのメモのくふうを□から二《ふた》つずつえらんで、記号《きごう》で答《こた》えましょう。

竹中《たけなか》さん　□　□

北山《きたやま》さん　□　□

㋐ 見出《みだ》しを一言《ひとこと》で書《か》いている。
㋑ 線《せん》や、○印《じるし》などの記号《きごう》を使《つか》っている。
㋒ 漢字《かんじ》にこだわらずに、平《ひら》がなで書《か》いている。
㋓ 「活動《かつどう》」をかじょう書《が》きで書《か》いている。

(2) 北山《きたやま》さんは、後《あと》でたしかめたいことを◯でかこんで、印《しるし》をつけています。後《あと》でたしかめたいことをメモから書《か》き出《だ》しましょう。

話《はな》し方《かた》や聞《き》き方《かた》から伝《つた》わること

名前

(1) 次《つぎ》の㋐、㋑の場面《ばめん》で、みさきさんの話《はな》し方《かた》がちがうために、こうたさんの受《う》け止《と》め方《かた》がちがっています。みさきさんが①、②の言《い》い方《かた》をしたのは、どちらの場面《ばめん》ですか。記号《きごう》で答《こた》えましょう。

㋐
体育館《たいいくかん》にぼうしをおきわすれていたよ。
ごめんなさい。これから気《き》をつけるね。
みさきさん
こうたさん

㋑
体育館《たいいくかん》にぼうしをおきわすれていたよ。
ありがとう。さがしてたんだ。助《たす》かったよ。
みさきさん
こうたさん

① にこにこして、やさしく言《い》った。

□の場面《ばめん》

② おこったように、きつく言《い》った。

□の場面《ばめん》

(2) 次《つぎ》の㋐、㋑の場面《ばめん》で、けんじさんの返事《へんじ》のしかたがちがいます。もえさんが、①、②のように感《かん》じるのは、どちらの場面《ばめん》ですか。記号《きごう》で答《こた》えましょう。

㋐
きょう、はじめてなわとびの二重《にじゅう》とびがとべたんだよ。
そう、それはよかったね。
もえさん
けんじさん

㋑
きょう、はじめてなわとびの二重《にじゅう》とびがとべたんだよ。
そう、それはよかったね。
もえさん
けんじさん

① きちんと話《はなし》をきいてもらえているように感《かん》じる。

□の場面《ばめん》

② しんけんに話《はなし》をきいてもらえていないように感《かん》じる。

□の場面《ばめん》

思《おも》いやりのデザイン　(1)

名前

● 次《つぎ》の文章《ぶんしょう》を二回《にかい》読《よ》んで、答《こた》えましょう。

1

学校《がっこう》の中《なか》に、トイレやひじょう口《ぐち》の場所《ばしょ》を知《し》らせる絵文字《えもじ》、校内《こうない》の案内図《あんないず》、手《て》のあらい方《かた》の説明図《せつめいず》などがあるでしょう。

㋐それらのように、伝《つた》えたいことを、絵《え》や図《ず》、文字《もじ》を組《く》み合《あ》わせて見《み》える形《かたち》にしたものを、インフォグラフィックスといいます。

2

これは、インフォメーション（伝《つた》えたいこと）と、グラフィックス（形《かたち》にすること）を合《あ》わせた言葉《ことば》で、デザインの一《ひと》つです。

（令和二年度版　光村図書　国語四上　かがやき　木村《きむら》　博之《ひろゆき》）

1

(1) ㋐それらにあてはまるもの三《みっ》つに○をつけましょう。

（　）学校《がっこう》の建物《たてもの》。
（　）トイレなどの場所《ばしょ》を知《し》らせる絵文字《えもじ》。
（　）校内《こうない》の案内図《あんないず》。
（　）手《て》のあらい方《かた》の説明図《せつめいず》。

(2) インフォグラフィックスとは、どのようなものですか。

伝《つた》えたいことを、［　　］や［　　］、［　　］を組《く》み合《あ》わせて［　　］にしたもの。

2

インフォグラフィックスとは、どんな言葉《ことば》を合《あ》わせた言葉《ことば》ですか。カタカナで二《ふた》つ書《か》きましょう。

［　　　　］
［　　　　］

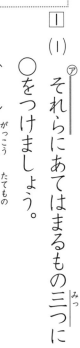

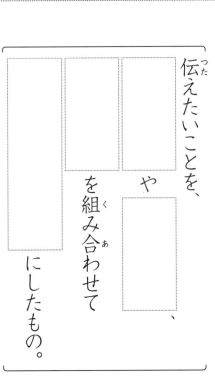

思《おも》いやりのデザイン (2)

名前

● 教科書《きょうかしょ》の「思《おも》いやりのデザイン」の全文《ぜんぶん》を読《よ》んだ後《あと》、次《つぎ》の文章《ぶんしょう》を二回《にかい》読《よ》んで、答《こた》えましょう。

1

〔絵《え》や図《ず》を使《つか》っていても、必《かなら》ず分《わ》かりやすくなるとはかぎりません。二《ふた》つの、街《まち》の案内図《あんないず》の例《れい》を対比《たいひ》してちがいをみてみると、地図《ちず》の分《わ》かりやすさは見《み》る人《ひと》の目的《もくてき》によるということが分《わ》かりました。〕

このように、インフォグラフィックスを作《つく》るときには、相手《あいて》の目的《もくてき》に合《あ》わせて、どう見《み》えると分《わ》かりやすいのかを考《かんが》えながらデザインすることが大切《たいせつ》です。

2

つまり、インフォグラフィックスは、見《み》る人《ひと》の立場《たちば》に立《た》って作《つく》る、思《おも》いやりのデザインなのです。

（令和二年度版　光村図書　国語四上　かがやき　木村《きむら》　博之《ひろゆき》）

1 インフォグラフィックスを作《つく》るときに大切《たいせつ》なのは、どうすることだと筆者《ひっしゃ》はいっていますか。

相手《あいて》の［　　］に合《あ》わせて、［　　］を考《かんが》えながら［　　］すること。

2

(1) インフォグラフィックスは、どんな人《ひと》の立場《たちば》に立《た》って作《つく》ったものですか。

［　　］

(2) 筆者《ひっしゃ》は、インフォグラフィックスとは、どんなデザインだといっていますか。

［　　］のデザイン。

アップとルーズで伝《つた》える (1)

名前

教科書《きょうかしょ》の次《つぎ》の文章《ぶんしょう》を二回《にかい》読《よ》んで、答《こた》えましょう。

1

「テレビでサッカーの試合《しあい》を放送《ほうそう》して…」
から
「…会場全体《かいじょうぜんたい》がうつし出《だ》されています。」
まで

2

「両《りょう》チームの選手《せんしゅ》たちは、コート全体《ぜんたい》に広《ひろ》がって、…」
から
「…身《み》に着《つ》けた人《ひと》たちでうまっています。」
まで

1

(1) テレビで放送《ほうそう》しているものは、何《なん》ですか。

(2) ハーフタイムでテレビの画面《がめん》にうつし出《だ》されているのは、何《なん》ですか。

2 テレビの画面《がめん》から、どんなことが分《わ》かりますか。二《ふた》つえらんで、○をつけましょう。

（　）コート全体《ぜんたい》に広《ひろ》がる両《りょう》チームの選手《せんしゅ》たち。

（　）コートの中央《ちゅうおう》に立《た》つ選手《せんしゅ》の顔《かお》の様子《ようす》。

（　）観客席全体《かんきゃくせきぜんたい》の様子《ようす》。

（　）観客席《かんきゃくせき》にすわっている、一人一人《ひとりひとり》の様子《ようす》。

アップとルーズで伝《つた》える (2)

名前

教科書《きょうかしょ》の次《つぎ》の文章《ぶんしょう》を二回《にかい》読《よ》んで、答《こた》えましょう。

1

会場全体《かいじょうぜんたい》が、静《しず》かに、…

から

…待《ま》ち受《う》けている感《かん》じが伝《つた》わります。

まで

2

いよいよ後半《こうはん》が始《はじ》まります。…

から

…ボールをける方向《ほうこう》を見《み》ているようです。

まで

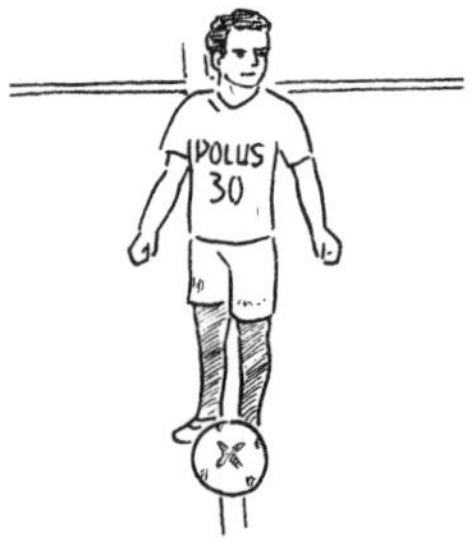

1 画面《がめん》にうつし出《だ》される会場全体《かいじょうぜんたい》の様子《ようす》から、どんな感《かん》じが伝《つた》わりますか。

会場全体《かいじょうぜんたい》が、［　　］に、［　　］をおさえて、［　　］を待《ま》ち受《う》けている感《かん》じ。

2 (1) いよいよ後半《こうはん》が始《はじ》まり、画面《がめん》がうつし出《だ》したものは何《なん》ですか。

(2) 画面《がめん》から、選手《せんしゅ》のどんな様子《ようす》が分《わ》かりますか。

［　　］を上《あ》げて、ボールを［　　］を見《み》ている様子《ようす》。

アップとルーズで伝《つた》える (3)

名前

教科書《きょうかしょ》の次《つぎ》の文章《ぶんしょう》を二回《にかい》読《よ》んで、答《こた》えましょう。

1

初《はじ》めの画面《がめん》のように、…

から

…とり方《かた》を「アップ」といいます。

まで

2

何《なに》かを伝《つた》えるときには、…

から

…アップとルーズでは、どんなちがいがあるのでしょう。

まで

1

(1) 「ルーズ」とは、どんなとり方《かた》ですか。文中《ぶんちゅう》の言葉《ことば》で答《こた》えましょう。

(2) 「アップ」とは、どんなとり方《かた》ですか。文中《ぶんちゅう》の言葉《ことば》で答《こた》えましょう。

2

何《なに》かを伝《つた》えるときには、どんなことが大切《たいせつ》だと筆者《ひっしゃ》はいっていますか。

アップとルーズを　　　　することｌ。

アップとルーズで伝《つた》える (4)

名前

教科書《きょうかしょ》の次《つぎ》の文章《ぶんしょう》を二回《にかい》読《よ》んで、答《こた》えましょう。

〔このように、アップとルーズには、それぞれ…〕**から**

〔…アップとルーズを切《き》りかえながら放送《ほうそう》をしています。〕**まで**

(1) アップとルーズには、それぞれどんなことがあるといっていますか。二《ふた》つ書《か》きましょう。

〔　　　　〕

〔　　　　〕

(2) テレビでは、どんなくふうをして放送《ほうそう》していますか。

何台《なんだい》ものカメラを用意《ようい》して〔　　　　〕うつし方《かた》をし、〔　　　　〕におうじて〔　　　　〕と〔　　　　〕を切《き》りかえながら放送《ほうそう》している。

カンジーはかせの都道府県《とどうふけん》の旅《たび》 (1)
(北海道《ほっかいどう》・東北地方《とうほくちほう》)

名前

● 次《つぎ》の①～⑦の文《ぶん》を読《よ》み、都道府県名《とどうふけんめい》を漢字《かんじ》で書《か》きましょう。

① 北海道では、じゃがいもが多《おお》く生産《せいさん》されています。

② りんごは、青森県の特産品《とくさんひん》の一《ひと》つです。

③ わんこそばは、岩手県の名物《めいぶつ》です。

④ 宮城県の七夕《たなばた》のお祭《まつ》りは、有名《ゆうめい》です。

⑤ なまはげは、秋田県の年《ねん》まつの風物詩《ふうぶつし》です。

⑥ 山形県では、さくらんぼの生産《せいさん》がさかんです。

⑦ 赤《あか》べこは、福島県の工芸品《こうげいひん》です。

ほっかいどう 北海道

あおもりけん

いわてけん

みやぎけん

あきたけん

やまがたけん

ふくしまけん

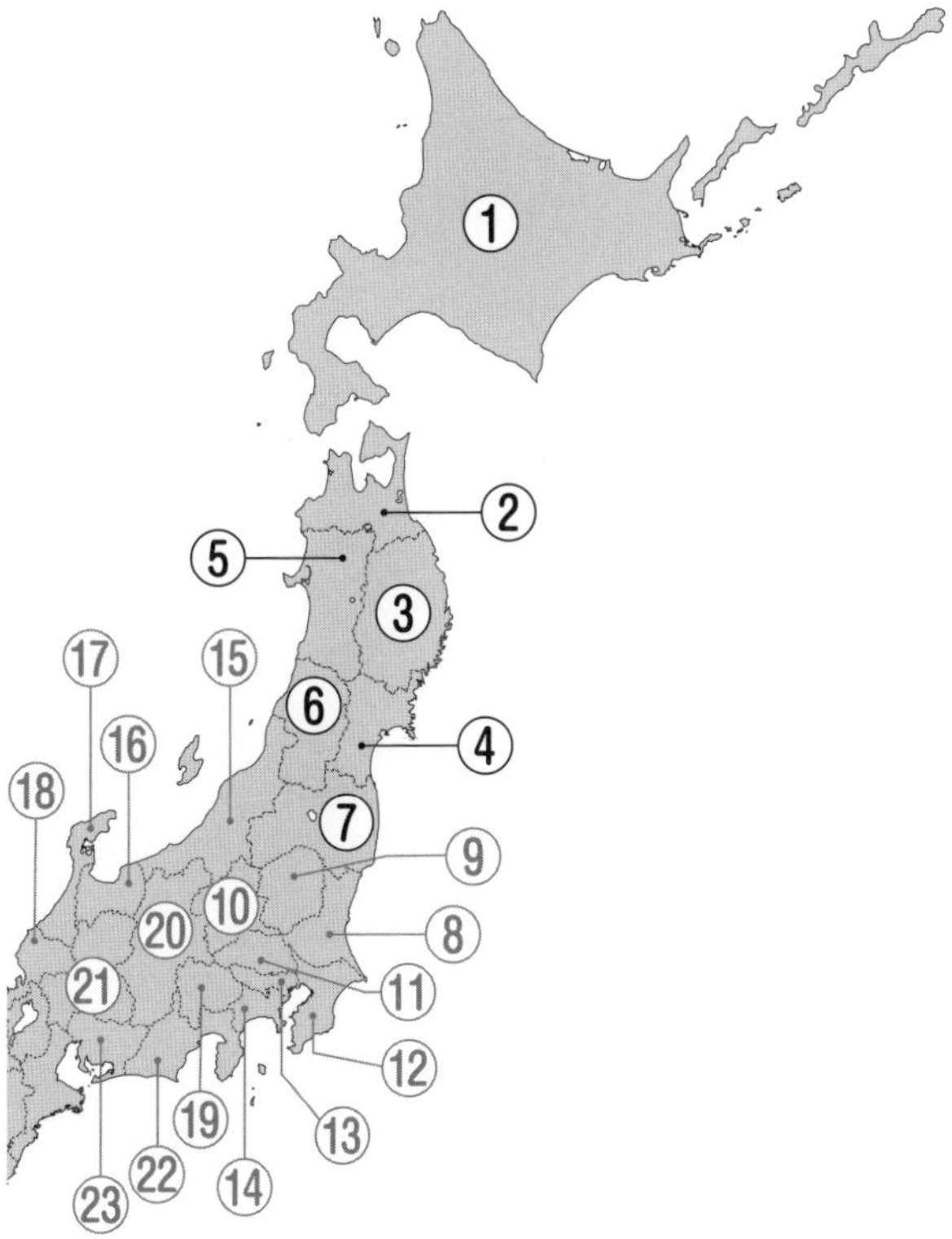
①
②
③
④
⑤
⑥
⑦
⑧
⑨
⑩
⑪
⑫
⑬
⑭
⑮
⑯
⑰
⑱
⑲
⑳
㉑
㉒
㉓

①～⑦は、北海道《ほっかいどう》と東北地方《とうほくちほう》にある都道府県《とどうふけん》じゃよ。場所《ばしょ》を上《うえ》の地図《ちず》で確《たし》かめよう。

カンジーはかせの都道府県《とどうふけん》の旅《たび》 (2)

（関東地方《かんとうちほう》）

名前

次《つぎ》の⑧〜⑭の文《ぶん》を読《よ》み、都道府県名《とどうふけんめい》を漢字《かんじ》で書《か》きましょう。

⑧ 茨城県は、メロンの産地《さんち》です。

⑨ 栃木県では、いちごの生産《せいさん》がさかんです。

⑩ こんにゃくは、群馬県の特産品《とくさんひん》です。

⑪ 埼玉県に、人形《にんぎょう》づくりで有名《ゆうめい》なちいきがあります。

⑫ 千葉県では、かぶが多《おお》く作《つく》られています。

⑬ 人口《じんこう》がいちばん多《おお》いのは、東京都です。

⑭ 神奈川県には、大《おお》きな港《みなと》があります。

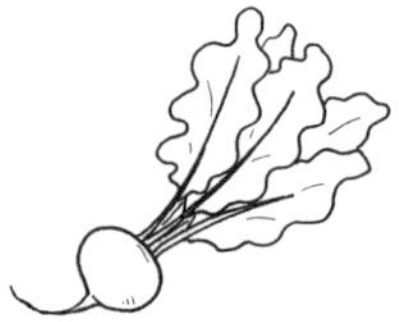

いばらきけん

とちぎけん

ぐんまけん

さいたまけん

ちばけん

とうきょうと

かながわけん

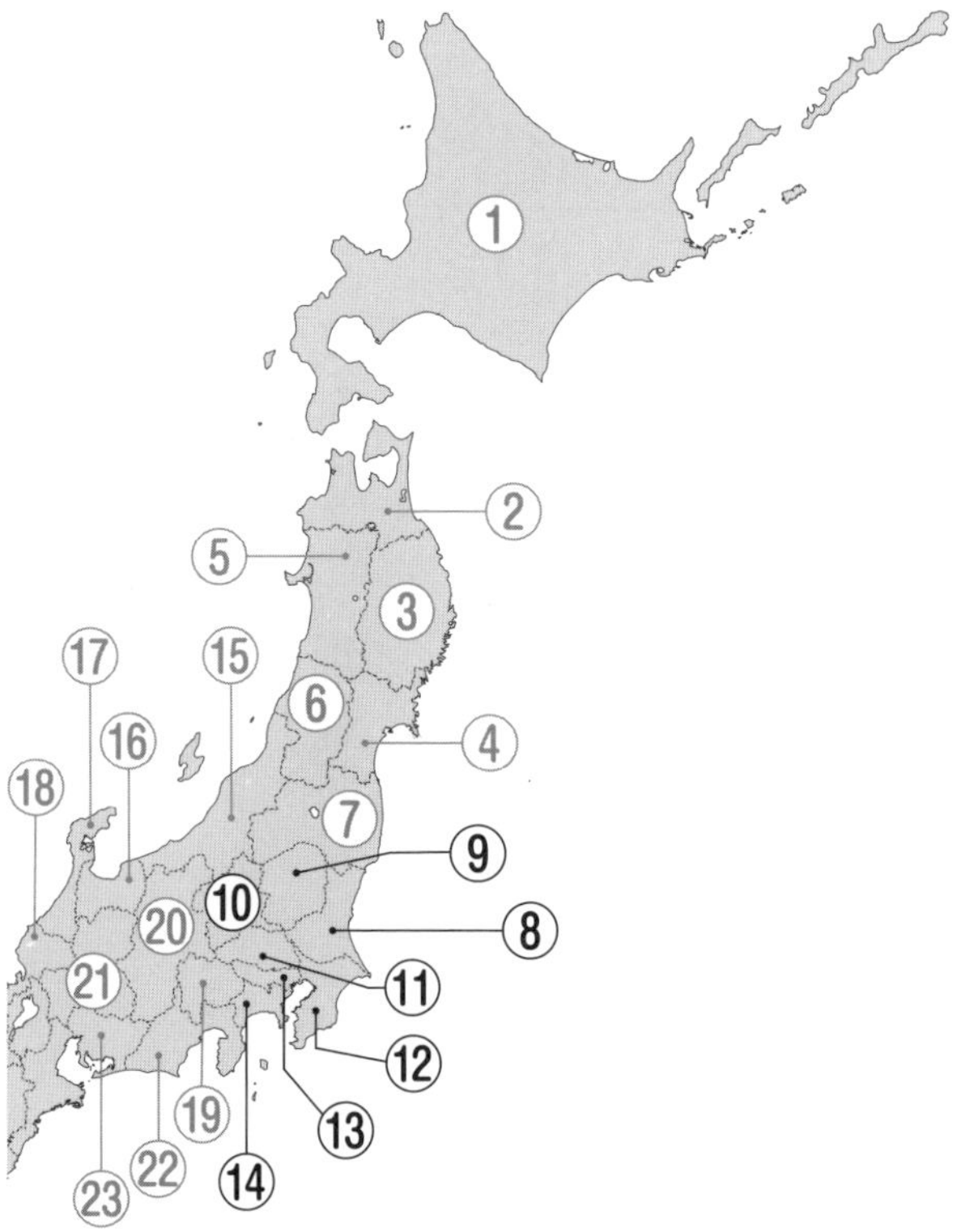

1
2
3
4
5
6
7
8
9
10
11
12
13
14
15
16
17
18
19
20
21
22
23

関東地方《かんとうちほう》にある都道府県《とどうふけん》じゃ。⑧〜⑭の場所《ばしょ》を上《うえ》の地図《ちず》で確《たし》かめよう。

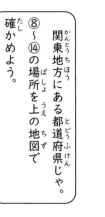

カンジーはかせの都道府県《とどうふけん》の旅《たび》 (3)

(中部地方《ちゅうぶちほう》)

名前

● 次《つぎ》の⑮〜㉓の文《ぶん》を読《よ》み、都道府県名《とどうふけんめい》を漢字《かんじ》で書《か》きましょう。

⑮ 新潟県は、米《こめ》どころの一《ひと》つです。

⑯ 富山県は、チューリップのさいばいがさかんです。

⑰ 金箔《きんぱく》は、石川県の特産品《とくさんひん》です。

⑱ 福井県で、きょうりゅうの化石《かせき》が多《おお》く見《み》つかっています。

⑲ 山梨県は、ぶどうの産地《さんち》です。

⑳ 長野県は、きのこの生産量《せいさんりょう》が多《おお》い県《けん》です。

㉑ 岐阜県では、うかいの見学《けんがく》ができます。

㉒ 静岡県のお茶《ちゃ》は、とても有名《ゆうめい》です。

㉓ 愛知県には、みそを使《つか》った料理《りょうり》が多《おお》くあります。

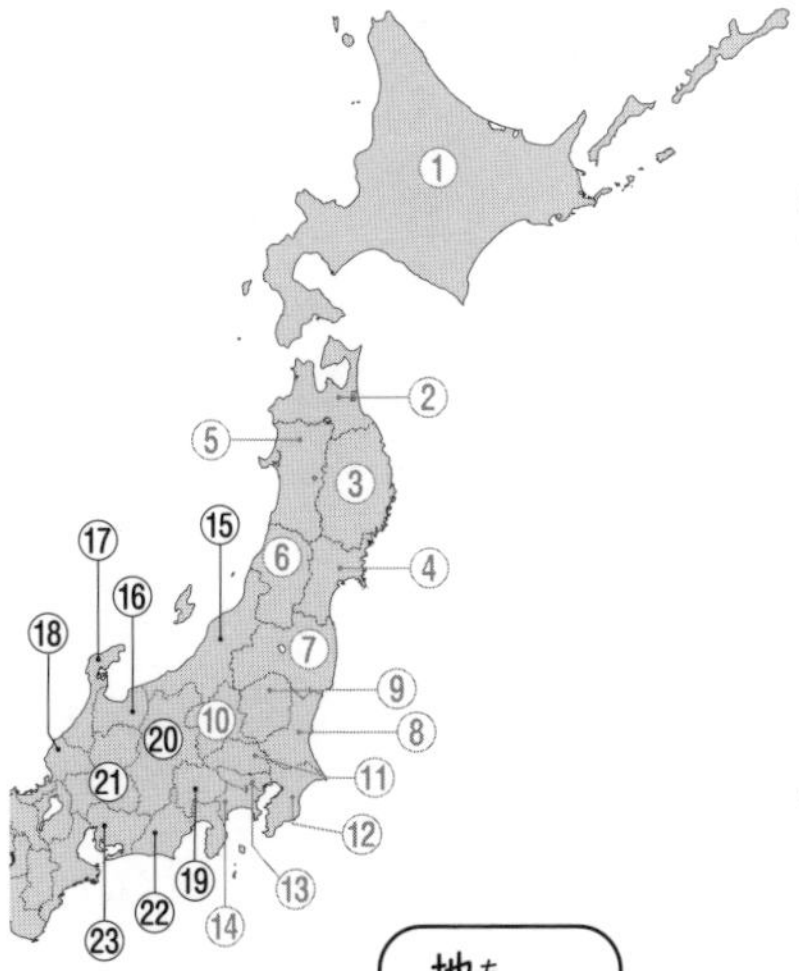

にい がた けん

と やま けん

いし かわ けん

ふく い けん

やま なし けん

なが の けん

ぎ ふ けん

しず おか けん

あい ち けん

中部地方《ちゅうぶちほう》といわれる⑮〜㉓の場所《ばしょ》を、地図《ちず》でも確《たし》かめておこう。

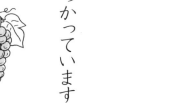

カンジーはかせの都道府県《とどうふけん》の旅《たび》 (4)
（近畿地方《きんきちほう》）

名前

● 次《つぎ》の㉔～㉚の文《ぶん》を読《よ》み、都道府県名《とどうふけんめい》を漢字《かんじ》で書《か》きましょう。

㉔ 三重県では、伊勢《いせ》えびがたくさんとれます。

㉕ 滋賀県には、日本一大《にほんいちおお》きい湖《みずうみ》があります。

㉖ 京都府には、古《ふる》い町《まち》なみがのこっています。

㉗ たこやきは、大阪府の名物《めいぶつ》です。

㉘ 兵庫県には、国宝《こくほう》の姫路城《ひめじじょう》があります。

㉙ 奈良県の大仏《だいぶつ》とシカは有名《ゆうめい》です。

㉚ うめぼしは、和歌山県の特産品《とくさんひん》です。

みえけん

しがけん

きょうとふ

おおさかふ

ひょうごけん

ならけん

わかやまけん

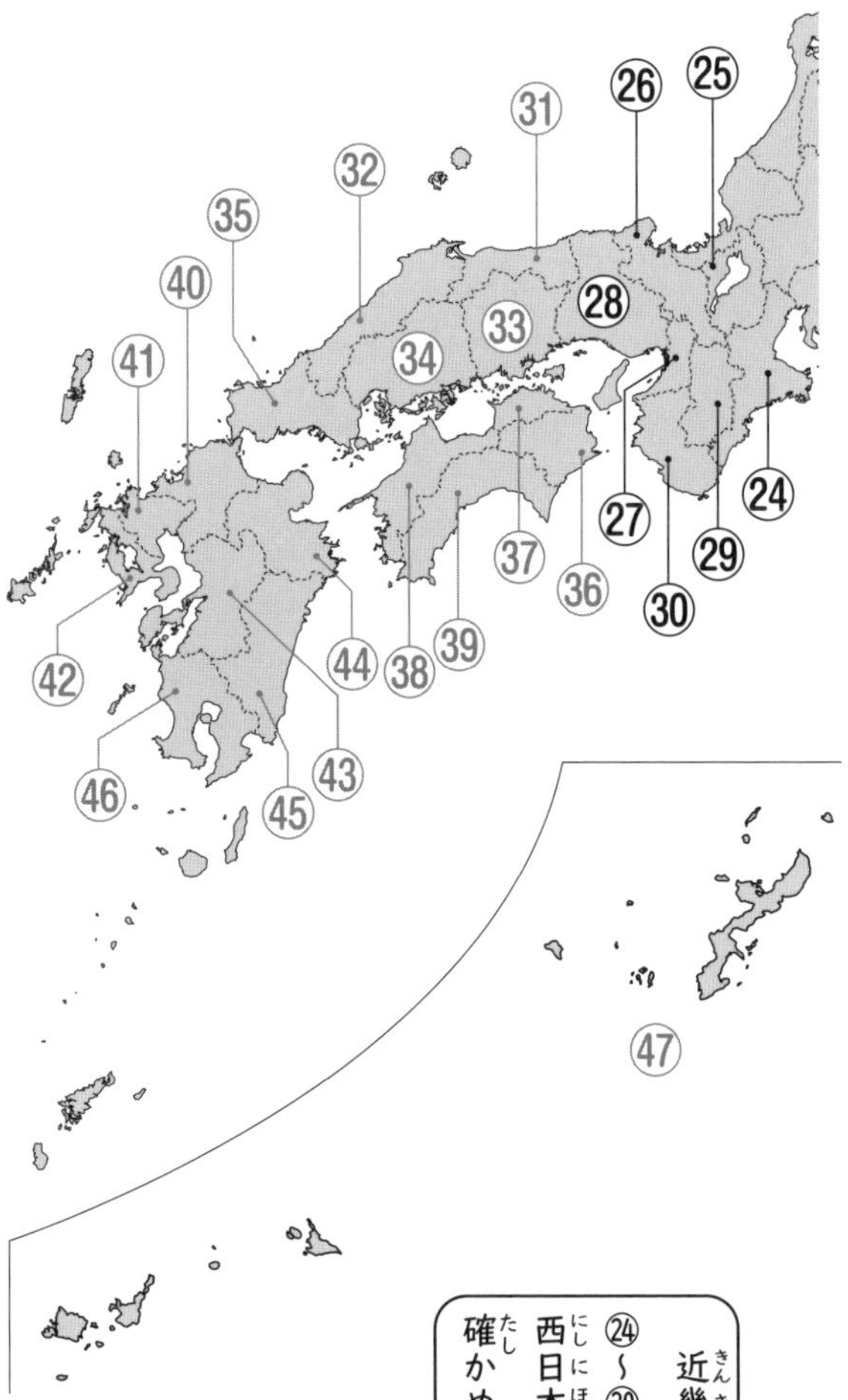

㉔
㉕
㉖
㉗
㉘
㉙
㉚
31
32
33
34
35
36
37
38
39
40
41
42
43
44
45
46
47

近畿地方《きんきちほう》じゃな。
㉔～㉚の場所《ばしょ》を、
西日本《にしにほん》の地図《ちず》で
確《たし》かめよう。

カンジーはかせの都《と》道《どう》府《ふ》県《けん》の旅《たび》（5）
（中国《ちゅうごく》・四国地方《しこくちほう》）

名前

● 次《つぎ》の㉛〜㊴の文《ぶん》を読《よ》み、都《と》道《どう》府《ふ》県《けん》名《めい》を漢字《かんじ》で書《か》きましょう。

㉛ 鳥取県には、さきゅうがあります。

㉜ 島根県に、しじみがよくとれる湖《みずうみ》があります。

㉝ 岡山県は、マスカットの産地《さんち》です。

㉞ 広島県は、かきのようしょくがさかんです。

㉟ ふぐ料理《りょうり》は、山口県の名物《めいぶつ》の一《ひと》つです。

㊱ 徳島県で、阿波《あわ》おどりが始《はじ》まりました。

㊲ 香川県は、うどんで有名《ゆうめい》です。

㊳ たいめしは、愛媛県のきょうど料理《りょうり》です。

㊴ 高知県では、かつおのたたきが名物《めいぶつ》です。

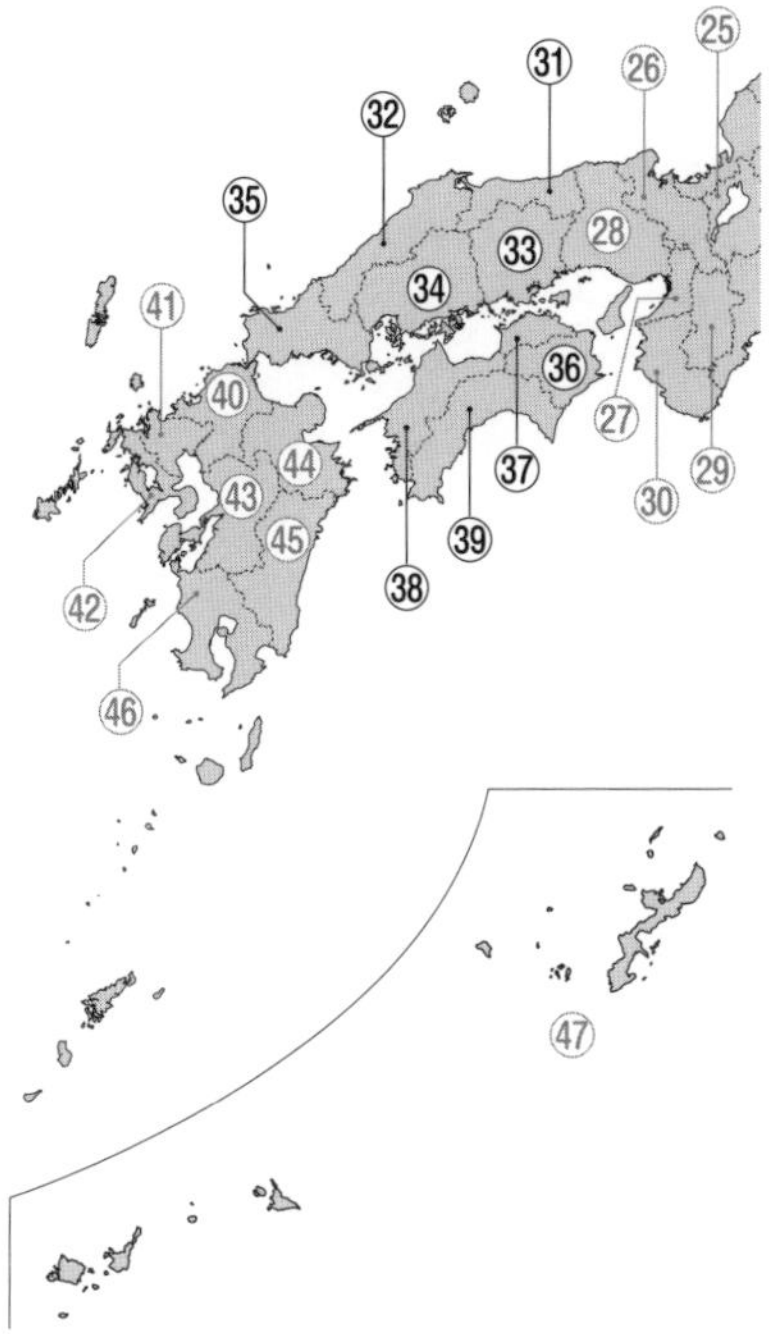

㉛
㉜
㉝
㉞
㉟
㊱
㊲
㊳
㊴

㉛〜㉟が中国地方《ちゅうごくちほう》で、㊱〜㊴が四国地方《しこくちほう》じゃな。地図《ちず》で場所《ばしょ》を確《たし》かめよう。

とっ とり けん

しま ね けん

おか やま けん

ひろ しま けん

やま ぐち けん

とく しま けん

か がわ けん

え ひめ けん

こう ち けん

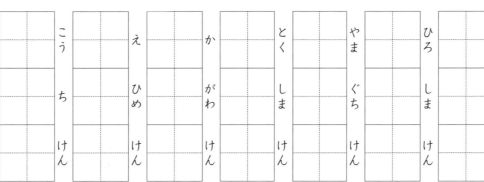

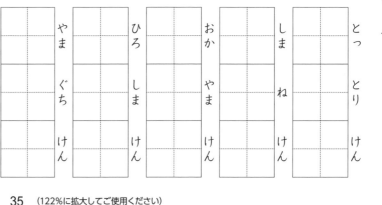

カンジーはかせの都道府県の旅《とどうふけんのたび》（6）
（九州《きゅうしゅう》・沖縄《おきなわ》地方《ちほう》）

名前

● 次《つぎ》の㊵～㊼の文《ぶん》を読《よ》み、都《と》道《どう》府《ふ》県《けん》名《めい》を漢字《かんじ》で書《か》きましょう。

㊵ 福岡県のとんこつラーメンは有名《ゆうめい》です。

㊶ 有田焼《ありたやき》は、佐賀県の工芸品《こうげいひん》です。

㊷ 長崎県では、ちゃんぽんが名物《めいぶつ》です。

㊸ 熊本県では、トマトの生産《せいさん》がさかんです。

㊹ 大分県では、温泉《おんせん》が多《おお》くわき出《で》ています。

㊺ チキン南蛮《なんばん》は、宮崎県で生《う》まれた料理《りょうり》です。

㊻ 鹿児島県の桜島《さくらじま》は、活火山《かっかざん》です。

㊼ 沖縄県の海《うみ》では、サンゴが見《み》られます。

ふくおかけん

さがけん

ながさきけん

くまもとけん

おおいたけん

みやざきけん

かごしまけん

おきなわけん

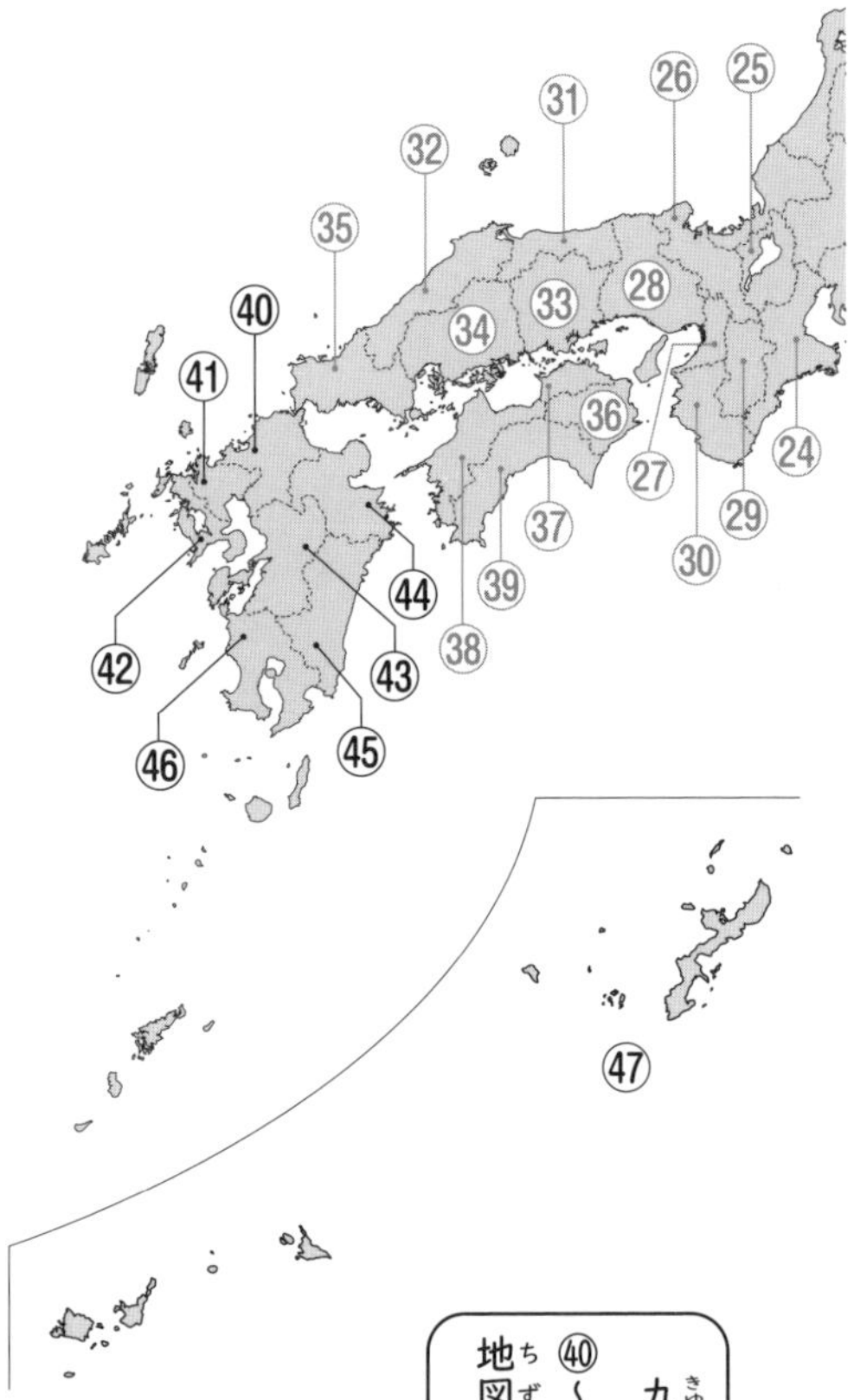

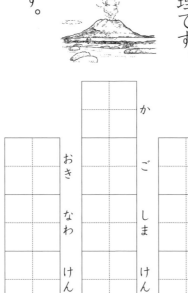

お礼《れい》の気持《きも》ちを伝《つた》えよう　(1)

名前

● 次《つぎ》の手紙《てがみ》の文章《ぶんしょう》を二回《にかい》読《よ》んで、答《こた》えましょう。

①
緑《みどり》がまぶしい季節《きせつ》となりました。森山《もりやま》さんはお元気《げんき》ですか。先週《せんしゅう》、さくら祭《まつ》りについて教《おし》えていただいた、長山小学校四年《ながやましょうがっこうよねん》一組《いちくみ》の原田《はらだ》あやのです。

②
この間《あいだ》は、お祭《まつ》りのれきしについて、くわしく教《おし》えてくださり、本当《ほんとう》にありがとうございました。昔《むかし》の写真《しゃしん》や、お祭《まつ》りで使《つか》われている道具《どうぐ》を見《み》せてくださったので、とてもよく分《わ》かりました。クラスで発表《はっぴょう》したら、みんなもおどろいていました。来年《らいねん》のお祭《まつ》りが、いつもより楽《たの》しみです。

③
これからもお体《からだ》に気《き》をつけて、ちいきのれきし研究《けんきゅう》をつづけてください。さようなら。

④
五月十五日《ごがつじゅうごにち》

原田《はらだ》あやの

森山幸二《もりやまこうじ》様《さま》

(令和二年度版　光村図書　国語四上　かがやき「お礼の気持ちを伝えよう」による)

(1) 上《うえ》の手紙《てがみ》の①〜④は、手紙《てがみ》の型《かた》では、何《なん》という部分《ぶぶん》ですか。□から選《えら》んで、記号《きごう》で答《こた》えましょう。

① □　② □　③ □　④ □

㋐ 本文《ほんぶん》
㋑ 初《はじ》めのあいさつ
㋒ 後《あと》づけ
㋓ むすびのあいさつ

(2) この手紙《てがみ》は、だれが、だれに書《か》いたものですか。名前《なまえ》を書《か》きましょう。

・だれが
・だれに

(3) 何《なに》を伝《つた》える手紙《てがみ》ですか。一《ひと》つに○をつけましょう。

( ) 季節《きせつ》を知《し》らせる手紙《てがみ》。
( ) お祭《まつ》りのれきしを教《おし》えてもらったお礼《れい》の手紙《てがみ》。
( ) 相手《あいて》の体《からだ》のぐあいをたずねる手紙《てがみ》。

お礼《れい》の気持《きも》ちを伝《つた》えよう　(2)

名前

教科書《きょうかしょ》の「お礼《れい》の気持《きも》ちを伝《つた》えよう」を読《よ》んで、答《こた》えましょう。

(1) 手紙《てがみ》の型《かた》について、次《つぎ》の（　）にあてはまる言葉《ことば》を□から選《えら》んで、書《か》きましょう。

① 初《はじ》めのあいさつには、（　　　　）に関《かん》する言葉《ことば》や、相手《あいて》の様子《ようす》をたずねる言葉《ことば》、自分《じぶん》のしょうかいを書《か》く。

② 本文《ほんぶん》には、（　　　　）ことを書《か》く。

③ むすびのあいさつには、別《わか》れのあいさつのほかに、相手《あいて》を（　　　　）言葉《ことば》を書《か》く。

④ 後《あと》づけに、（　　　　）、自分《じぶん》の名前《なまえ》、相手《あいて》の名前《なまえ》を書《か》く。

・日《ひ》づけ　・気《き》づかう　・伝《つた》えたい　・季節《きせつ》

(2) 教科書《きょうかしょ》の例《れい》をさんこうに、ふうとうの表《おもて》には送《おく》りたい相手《あいて》の住所《じゅうしょ》と名前《なまえ》、うらには自分《じぶん》の住所《じゅうしょ》と名前《なまえ》を書《か》きましょう。

一《ひと》つの花《はな》 (1)

名前

● 教科書《きょうかしょ》の「一《ひと》つの花《はな》」の全文《ぜんぶん》を読《よ》んだ後《あと》、次《つぎ》の文章《ぶんしょう》を二回《にかい》読《よ》んで、答《こた》えましょう。

1

戦争《せんそう》がはげしかったころのことです。「一《ひと》つだけちょうだい。」という言葉《ことば》は、食《た》べ物《もの》をほしがるゆみ子《こ》が、はっきり覚《おぼ》えた最初《さいしょ》の言葉《ことば》でした。

それからまもなく、
㋐あまりじょうぶでない
ゆみ子《こ》のお父《とう》さんも、戦争《せんそう》に
行《い》かなければならない日《ひ》が
やって来《き》ました。

2

お父《とう》さんが戦争《せんそう》に行《い》く日《ひ》、
ゆみ子《こ》は、お母《かあ》さんに
おぶわれて、遠《とお》い汽車《きしゃ》の駅《えき》まで
送《おく》っていきました。頭《あたま》には、
お母《かあ》さんの
作《つく》ってくれた、
わた入《い》れの防空頭巾《ぼうくうずきん》を
かぶっていきました。

※おぶわれて…おんぶされて。
※防空頭巾《ぼうくうずきん》…戦時中《せんじちゅう》に使《つか》われた、身《み》を守《まも》るために かぶる、わた入《い》れの頭巾《ずきん》。

（令和二年度版　光村図書　国語四上　かがやき　今西《いまにし》　祐行《すけゆき》）

1

㋐あまりじょうぶでないについて答《こた》えましょう。

① どのような意味《いみ》ですか。○をつけましょう。

（　）体《からだ》が小《ちい》さい。

（　）体《からだ》が弱《よわ》い。

② 「あまりじょうぶではない」のは、だれですか。

[　　　　]

2

(1) ゆみ子《こ》がお母《かあ》さんにおんぶされて駅《えき》まで行《い》ったのは、どんな日《ひ》でしたか。

[　　　　]

(2) ゆみ子《こ》とお母《かあ》さんは、遠《とお》い駅《えき》まで何《なに》をしにいきましたか。

戦争《せんそう》に行《い》くお父《とう》さんを [　　　　] いった。

一《ひと》つの花《はな》 (2)

名前

● 次《つぎ》の文章《ぶんしょう》を二回読《にかいよ》んで、答《こた》えましょう。

1

お母《かあ》さんのかたにかかっているかばんには、包帯《ほうたい》、お薬《くすり》、配給《はいきゅう》のきっぷ、そして、大事《だいじ》なお米《こめ》で作《つく》ったおにぎりが入《はい》っていました。

※配給《はいきゅう》…物《もの》を一人一人《ひとりひとり》にわり当《あ》てて配《くば》ること。戦争中《せんそうちゅう》は、きっぷなどがないと、食《た》べ物《もの》も手《て》に入《い》れられなかった。

2

ゆみ子《こ》は、おにぎりが入《はい》っているのを㋐ちゃあんと知《し》っていましたので、「一《ひと》つだけちょうだい、おじぎり、一《ひと》つだけちょうだい。」と言《い》って、駅《えき》に着《つ》くまでにみんな食《た》べてしまいました。お母《かあ》さんは、戦争《せんそう》に行《い》くお父《とう》さんに、ゆみ子《こ》の泣《な》き顔《がお》を見《み》せたくなかったのでしょうか。

（令和二年度版　光村図書　国語四上　かがやき　今西《いまにし》　祐行《すけゆき》）

1 お母《かあ》さんのかばんに入《はい》っていたもの四《よっ》つに○をつけましょう。

（　）包帯《ほうたい》
（　）お薬《くすり》
（　）電車《でんしゃ》のきっぷ
（　）配給《はいきゅう》のきっぷ
（　）配給《はいきゅう》のお米《こめ》
（　）おにぎり

2

(1) ゆみ子《こ》が㋐ちゃあんと知《し》っていたことは、どんなことでしたか。

お母《かあ》さんのかばんに［　　　　］が入《はい》っていること。

(2) ゆみ子《こ》は何《なに》を「一《ひと》つだけちょうだい。」とほしがりましたか。

［　　　　］

(3) 駅《えき》に着《つ》くまでにおにぎりをみんな食《た》べてしまったのは、だれですか。

［　　　　］

一《ひと》つの花《はな》 (3)

名前

● 次《つぎ》の文章《ぶんしょう》を二回《にかい》読《よ》んで、答《こた》えましょう。

1

駅《えき》には、他《ほか》にも戦争《せんそう》に行《い》く人《ひと》があって、人《ひと》ごみの中《なか》から、ときどきばんざいの声《こえ》が起《お》こりました。また、別《べつ》の方《ほう》からは、たえず勇《いさ》ましい軍歌《ぐんか》が聞《き》こえてきました。

※人《ひと》ごみ…多《おお》くの人《ひと》でこみ合《あ》うこと。

2

ゆみ子《こ》とお母《かあ》さんの他《ほか》に見送《みおく》りのないお父《とう》さんは、プラットホームのはしの方《ほう》で、ゆみ子《こ》をだいて、そんなばんざいや軍歌《ぐんか》の声《こえ》に合《あ》わせて、小《ちい》さくばんざいをしていたり、歌《うた》を歌《うた》っていたりしていました。

ア、戦争《せんそう》になんか行《い》く人《ひと》ではないかのように。

（令和二年度版　光村図書　国語四上　かがやき　今西《いまにし》祐行《すけゆき》）

1

(1) 駅《えき》には、お父《とう》さんの他《ほか》にも何《なに》に行《い》く人《ひと》がいましたか。

(2) 人《ひと》ごみの中《なか》から聞《き》こえてきたもの二《ふた》つに○をつけましょう。

（　）ばんざいの声《こえ》。

（　）お別《わか》れを悲《かな》しむ泣《な》き声《ごえ》。

（　）勇《いさ》ましい軍歌《ぐんか》。

2

(1) お父《とう》さんは、どこにいますか。

プラットホームの　　　　。

(2) ゆみ子《こ》をだいている人《ひと》は、だれですか。

(3) アにあてはまる言葉《ことば》を一《ひと》つ選《えら》んで○をつけましょう。

（　）ついに

（　）やっぱり

（　）まるで

一《ひと》つの花《はな》 (4)

名前

● 次《つぎ》の文章《ぶんしょう》を二回《にかい》読《よ》んで、答《こた》えましょう。

1

　ところが、いよいよ汽車《きしゃ》が入《はい》ってくるというときになって、またゆみ子《こ》の「一《ひと》つだけちょうだい。」が始《はじ》まったのです。

「みんなおやりよ、母《かあ》さん。おにぎりを——。」

お父《とう》さんが言《い》いました。

2

「ええ、もう食《た》べちゃったんですの——。㋐ゆみちゃん、いいわねえ。お父《とう》さん、兵隊《へいたい》ちゃんになるんだって。ばんざあいって——。」

お母《かあ》さんは、そう言《い》ってゆみ子《こ》をあやしましたが、ゆみ子《こ》は、とうとう泣《な》きだしてしまいました。

㋑「一《ひと》つだけ。一《ひと》つだけ。」と言《い》って。

※あやす…小《ちい》さい子《こ》のきげんをとる。

（令和二年度版　光村図書　国語四上　かがやき　今西《いまにし》祐行《すけゆき》）

1　ゆみ子《こ》がまた「一《ひと》つだけちょうだい。」と言《い》い出《だ》したのは、どんなときでしたか。文中《ぶんちゅう》から書《か》き出《だ》しましょう。

2

(1)　㋐ゆみちゃん、…ばんざあいって——。と言《い》っているときのお母《かあ》さんは、どんな気持《きも》ちだと考《かんが》えられますか。○をつけましょう。

（　）お父《とう》さんが戦争《せんそう》に行《い》くことをゆみ子《こ》によろこんでほしい。

（　）ゆみ子《こ》を泣《な》かさないようにして、明《あか》るくお父《とう》さんを見送《みおく》りたい。

(2)　㋑「一《ひと》つだけ。一《ひと》つだけ。」と、ゆみ子《こ》が一《ひと》つだけほしがっているものは、何《なん》ですか。1の文中《ぶんちゅう》から四文字《よんもじ》で答《こた》えましょう

一《ひと》つの花《はな》 (5)

名前

● 次《つぎ》の文章《ぶんしょう》を二回《にかい》読《よ》んで、答《こた》えましょう。

1

お母《かあ》さんが、ゆみ子《こ》を一生《いっしょう》けんめいあやしているうちに、お父《とう》さんが、ぷいといなくなってしまいました。

2

お父《とう》さんは、プラットホームのはしっぽの、ごみすて場《ば》のような所《ところ》に、わすれられたようにさいていたコスモスの花《はな》を見《み》つけたのです。あわてて帰《かえ》ってきたお父《とう》さんの手《て》には、一輪《いちりん》のコスモスの花《はな》がありました。

（令和二年度版　光村図書　国語四上　かがやき　今西《いまにし》　祐行《すけゆき》）

1

(1) お母《かあ》さんは、ゆみ子《こ》をどんな様子《ようす》であやしていましたか。

(2) ぷいといなくなってしまったのは、だれですか。

2

(1) お父《とう》さんがコスモスの花《はな》を見《み》つけたのは、どのようなところでしたか。文中《ぶんちゅう》から書《か》き出《だ》しましょう。

(2) 帰《かえ》ってきたお父《とう》さんの手《て》にあったものは、何《なん》でしたか。

一《ひと》つの花《はな》 (6)

名前

● 次《つぎ》の文章《ぶんしょう》を二回《にかい》読《よ》んで、答《こた》えましょう。

1

「ゆみ。さあ、一《ひと》つだけ
あげよう。一《ひと》つだけのお花《はな》、
大事《だいじ》にするんだよう――。」
ゆみ子《こ》は、お父《とう》さんに
花《はな》をもらうと、
キャッキャッと
足《あし》をばたつかせて
よろこびました。

※ばたつかせる…ばたばたと動《うご》かす。

2

お父《とう》さんは、㋐それを見《み》て
にっこりわらうと、
何《なに》も言《い》わずに、汽車《きしゃ》に乗《の》って
行《い》ってしまいました。
ゆみ子《こ》のにぎっている、
一《ひと》つの花《はな》を
見《み》つめながら――。

（令和二年度版　光村図書　国語四上　かがやき　今西《いまにし》祐行《すけゆき》）

1

(1) お父《とう》さんは、ゆみ子《こ》に何《なん》と言《い》って
お花《はな》をあげましたか。

「□□□□の
お花《はな》、□□
にするんだ
よう――。」

(2) 花《はな》をもらったゆみ子《こ》がよろこんだ
様子《ようす》は、どんな様子《ようす》でしたか。

□と
□をばたつかせて
よろこんだ。

2

(1) ㋐それとは、何《なに》を表《あらわ》していますか。
○をつけましょう。

（　）ゆみ子《こ》がにぎっている花《はな》。
（　）ゆみ子《こ》がよろこぶ様子《ようす》。

(2) ㋐それを見《み》て、にっこりわらったのは、
だれでしたか。

[　　　　]

つなぎ言葉《ことば》のはたらきを知《し》ろう　(1)

名前

(1) 次《つぎ》の文《ぶん》に合《あ》うつなぎ言葉《ことば》を、あとの[　]から選《えら》んで書《か》きましょう。

① 雨《あめ》がふりそうです。[　　　　]、かさを持《も》っていきます。

② 雨《あめ》がふりそうです。[　　　　]、かさを持《も》っていきません。

[しかし ・ だから]

(2) 次《つぎ》の文《ぶん》に合《あ》うつなぎ言葉《ことば》をえらんで、○でかこみましょう。

① 兄《あに》の部屋《へや》に行《い》きました。{ だから / しかし }、兄《あに》はいませんでした。

② ぼくは水泳《すいえい》がすきです。{ それで / でも }、よくプールに行《い》きます。

③ 朝食《ちょうしょく》は、ごはんにしますか。{ それでも / それとも }、パンにしますか。

④ 姉《あね》は歌《うた》がうまい。{ しかも / けれども }、ダンスもうまい。

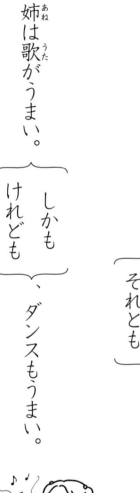

つなぎ言葉《ことば》のはたらきを知《し》ろう (2)

名前

(1) 次《つぎ》の文《ぶん》のつなぎ言葉《ことば》と同《おな》じはたらきをするものを下《した》から選《えら》んで、——線《せん》でむすびましょう。

① わたしは動物《どうぶつ》が好《す》きです。だから、動物園《どうぶつえん》によく行《い》きます。　・　　・しかし

② 妹《いもうと》が泣《な》いた。でも、おやつをもらうとすぐにわらった。　・　　・しかも

③ 夏休《なつやす》みには海《うみ》に泳《およ》ぎに行《い》った。また、山登《やまのぼ》りにも行《い》った。　・　　・それで

(2) 次《つぎ》の文《ぶん》のつなぎ言葉《ことば》と同《おな》じはたらきをするものを、あとの［　］から選《えら》んで（　）に書《か》きましょう。

① 風《かぜ》が強《つよ》い。それに、雨《あめ》がふりだした。　（　　）

② 日曜《にちよう》は、公園《こうえん》に行《い》こうか。それとも、プールに行《い》こうか。　（　　）

③ この話《はなし》は、これで終《お》わりです。では、明日《あす》の遠足《えんそく》の話《はなし》をします。　（　　）

［ または　・　さて　・　そして ］

つなぎ言葉《ことば》のはたらきを知《し》ろう　(3)

名前

(1) 次《つぎ》の文《ぶん》に合《あ》うつなぎ言葉《ことば》を、あとの□から選《えら》んで書《か》きましょう。

① ぼくはかぜをひいた。□、学校《がっこう》を休《やす》んだ。

② ぼくはかぜをひいた。□、学校《がっこう》を休《やす》まなかった。

③ ぼくはかぜをひいた。□、弟《おとうと》にもかぜがうつった。

でも ・ しかも ・ だから

(2) 次《つぎ》の文《ぶん》に合《あ》うつなぎ言葉《ことば》を、あとの□から選《えら》んで書《か》きましょう。

① みくさんはピアノがとく意《い》だ。□、運動《うんどう》もできる。

② 飲《の》み物《もの》は、お茶《ちゃ》にしますか。□、ジュースにしますか。

③ 足《あし》がいたかった。□、わたしは走《はし》りつづけた。

それとも ・ そのうえ ・ それでも

つなぎ言葉《ことば》のはたらきを知《し》ろう (4)

名前

(1) 次《つぎ》の㋐と㋑の文《ぶん》が同《おな》じ意味《いみ》になるように、文《ぶん》に合《あ》うつなぎ言葉《ことば》を［　］から選《えら》んで書《か》きましょう。

①
㋐ 雨《あめ》がふったので、遠足《えんそく》は中止《ちゅうし》になった。
㋑ 雨《あめ》がふった。［　　］、遠足《えんそく》は中止《ちゅうし》になった。

②
㋐ 姉《あね》は、字《じ》を書《か》くのが上手《じょうず》だし、絵《え》も上手《じょうず》です。
㋑ 姉《あね》は、字《じ》を書《か》くのが上手《じょうず》です。［　　］、絵《え》も上手《じょうず》です。

③
㋐ お店《みせ》に買《か》い物《もの》に行《い》ったが、休《やす》みだった。
㋑ お店《みせ》に買《か》い物《もの》に行《い》った。［　　］、休《やす》みだった。

でも ・ しかも ・ だから

(2) 次《つぎ》の二《ふた》つの文《ぶん》の——線《せん》のつなぎ言葉《ことば》は、話《はな》し手《て》のどんな気持《きも》ちを表《あらわ》していますか。［　］から選《えら》んで、記号《きごう》で答《こた》えましょう。

① 試合《しあい》の前《まえ》に、必死《ひっし》で練習《れんしゅう》した。だから、二位《にい》だった。［　　］

② 試合《しあい》の前《まえ》に、必死《ひっし》で練習《れんしゅう》した。しかし、二位《にい》だった。［　　］

㋐ 二位《にい》になってくやしい。
㋑ 二位《にい》になれてうれしい。

短歌《たんか》・俳句《はいく》に親《した》しもう（一）

短歌《たんか》(1)

名前

短歌《たんか》は、五《ご》・七《しち》・五《ご》・七《しち》・七《しち》の三十一音《さんじゅういちおん》で作《つく》られた短《みじか》い詩《し》です。

（れい）見渡《みわた》せば柳桜《やなぎさくら》をこきまぜて都《みやこ》ぞ春《はる》の錦《にしき》なりける　（素性法師《そせいほうし》）

音数《おんすう》が五音《ごおん》や七音《しちおん》より多《おお》い短歌《たんか》もあります。声《こえ》に出《だ》して調子《ちょうし》をたしかめましょう。

● 次《つぎ》の短歌《たんか》とその意味《いみ》を二回《にかい》読《よ》んで、答《こた》えましょう。

石走《いわばし》る垂水《たるみ》の上《うえ》のさわらびの
萌《も》え出《い》づる春《はる》になりにけるかも

志貴皇子《しきのみこ》

（意味《いみ》）
岩《いわ》の上《うえ》のいきおいよく流《なが》れるたきのそばの、わらびが芽《め》を出《だ》す春《はる》になったのだなあ。

※垂水《たるみ》…がけを落《お》ちる水《みず》の流《なが》れ。たき。
※萌《も》え出《い》づる…（植物《しょくぶつ》が）芽《め》を出《だ》す。

（令和二年度版　光村図書　国語四上　かがやき「短歌・俳句に親しもう（一）」による）

(1) 上《うえ》の短歌《たんか》を、言葉《ことば》の調子《ちょうし》のいいところで五《いつ》つの部分《ぶぶん》に分《わ》けて、ひらがなで書《か》きましょう。

(2) 何《なん》という植物《しょくぶつ》を見《み》て、春《はる》を強《つよ》く感《かん》じていますか。（意味《いみ》）の文章《ぶんしょう》から三文字《さんもじ》で書《か》き出《だ》しましょう。

短歌《たんか》・俳句《はいく》に親《した》しもう（一）

短歌《たんか》 (2)

名前

● 次《つぎ》の短歌《たんか》とその意味《いみ》を二回《にかい》読《よ》んで、答《こた》えましょう。

君《きみ》がため春《はる》の野《の》に出《い》でて若菜《わかな》摘《つ》む
我《わ》が衣手《ころもで》に雪《ゆき》は降《ふ》りつつ
光孝天皇《こうこうてんのう》

（意味《いみ》）

あなたのために、春《はる》の野《の》に出《で》かけて若菜《わかな》を摘《つ》むわたしのそでに、雪《ゆき》がずっと降《ふ》りつづいている。

※我《わ》が衣手《ころもで》…わたしのそで。

(1) 上《うえ》の短歌《たんか》を、言葉《ことば》の調子《ちょうし》のいいところで五《いつ》つの部分《ぶぶん》に分《わ》けて、ひらがなで書《か》きましょう。

(2) どこに出《で》かけたときのことをよんだ短歌《たんか》ですか。短歌《たんか》の中《なか》から三文字《さんもじ》で書《か》き出《だ》しましょう。

（令和二年度版　光村図書　国語四上　かがやき「短歌・俳句に親しもう（一）」による）

俳句《はいく》 (1)

短歌《たんか》・俳句《はいく》に親《した》しもう（一）

名前

俳句《はいく》は、五《ご》・七《しち》・五《ご》の十七音《じゅうしちおん》で作《つく》られた短《みじか》い詩《し》です。
ふつうは、「季語《きご》」という、季節《きせつ》を表《あらわ》す言葉《ことば》が入《はい》っています。

● 次《つぎ》の俳句《はいく》とその意味《いみ》を二回《にかい》読《よ》んで、答《こた》えましょう。

名月《めいげつ》や池《いけ》をめぐりて夜《よ》もすがら

松尾《まつお》　芭蕉《ばしょう》

（意味《いみ》）
今夜《こんや》は中秋《ちゅうしゅう》の名月《めいげつ》。
水《みず》にうつった月《つき》などを
ながめながら、
池《いけ》のまわりを一晩中《ひとばんじゅう》
歩《ある》いてしまった。

※名月《めいげつ》…中秋《ちゅうしゅう》の名月《めいげつ》。
※夜《よ》もすがら…一晩中《ひとばんじゅう》。

（令和二年度版　光村図書　国語四上　かがやき「短歌・俳句に親しもう（一）」による）

(1) 上《うえ》の俳句《はいく》を、五音《ごおん》・七音《しちおん》・五音《ごおん》の三《みっ》つの部分《ぶぶん》に分《わ》けて、ひらがなで書《か》きましょう。

(2) 俳句《はいく》の季語《きご》（季節《きせつ》を表《あらわ》す言葉《ことば》）を二文字《にもじ》で書《か》きましょう。

(3) 季節《きせつ》は、春《はる》・夏《なつ》・秋《あき》・冬《ふゆ》のうち、どれですか。（意味《いみ》）も読《よ》んで、答《こた》えましょう。

短歌《たんか》・俳句《はいく》に親《した》しもう（一）
俳句《はいく》(2)

名前

● 次《つぎ》の俳句《はいく》とその意味《いみ》を二回《にかい》読《よ》んで、答《こた》えましょう。

1

夏河《なつかわ》を越《こ》すうれしさよ手《て》に草履《ぞうり》

与謝《よさ》　蕪村《ぶそん》

（意味《いみ》）
夏《なつ》の日《ひ》に、手《て》に草履《ぞうり》を持《も》って川《かわ》を渡《わた》ると、川《かわ》の水《みず》がつめたくて気持《きも》ちがよく、うれしくなることだ。

2

雀《すずめ》の子《こ》そこのけそこのけ御馬《おうま》が通《とお》る

小林《こばやし》　一茶《いっさ》

（意味《いみ》）
雀《すずめ》の子《こ》よ、あぶないから、そこをどきなさい。お馬《うま》さんが通《とお》るよ。

1

(1) 上《うえ》の俳句《はいく》を、五音《ごおん》・七音《しちおん》・五音《ごおん》の、三《みっ》つの部分《ぶぶん》に分《わ》けて、ひらがなで書《か》きましょう。

(2) 俳句《はいく》の季語《きご》（季節《きせつ》を表《あらわ》す言葉《ことば》）を二文字《にもじ》で書《か》きましょう。

2

上《うえ》の俳句《はいく》を、調子《ちょうし》のいいところで三《みっ》つの部分《ぶぶん》に分《わ》けて、ひらがなで書《か》きましょう。

（令和二年度版　光村図書　国語四上　かがやき「短歌・俳句に親しもう（一）」による）

じょうほう

要約《ようやく》するとき

名前

● ある説明《せつめい》する文章《ぶんしょう》の要約《ようやく》を使《つか》って、自分《じぶん》の意見《いけん》を伝《つた》える文章《ぶんしょう》を書《か》きました。次《つぎ》の文章《ぶんしょう》はその一部分《いちぶぶん》です。この文章《ぶんしょう》を二回《にかい》読《よ》んで、答《こた》えましょう。

①
写真《しゃしん》を使《つか》って何《なに》かを伝《つた》えるときには、中谷日出《なかやひで》さんの「アップとルーズで伝《つた》える」を読《よ》むとさんこうになります。これには、次《つぎ》のようなことが書《か》かれています。

②
写真《しゃしん》やえいぞうは、部分《ぶぶん》を大《おお》きくうつす「アップ」と、広《ひろ》いはんいをうつす「ルーズ」を選《えら》んだり、組《く》み合《あ》わせたりして使《つか》うことが大切《たいせつ》です。アップは、細《こま》かい部分《ぶぶん》の様子《ようす》が分《わ》かりますが、うつされていない部分《ぶぶん》は分《わ》かりません。ルーズは、広《ひろ》いはんいの様子《ようす》が分《わ》かりますが、細《こま》かい部分《ぶぶん》は分《わ》かりません。テレビや新聞《しんぶん》では、目的《もくてき》におうじてアップとルーズを選《えら》んで使《つか》います。アップとルーズをいしきすれば、伝《つた》えたいことが、受《う》け手《て》にとどくのです。

（令和二年度版　光村図書　国語四上　かがやき「要約するとき」による）

要約《ようやく》とは、話《はなし》や本《ほん》、文章《ぶんしょう》の内容《ないよう》を短《みじか》くまとめることをいいます。

(1) 上《うえ》の文章《ぶんしょう》では、何《なん》という文章《ぶんしょう》の要約《ようやく》を使《つか》って、自分《じぶん》の意見《いけん》を書《か》いていますか。

(2) 上《うえ》の文章《ぶんしょう》の作者《さくしゃ》は、どんなときに、(1)の文章《ぶんしょう》を読《よ》むとさんこうになるといっていますか。

(3) 上《うえ》の文章《ぶんしょう》の①、②は、自分《じぶん》の意見《いけん》か、要約《ようやく》した部分《ぶぶん》か、どちらですか。記号《きごう》で答《こた》えましょう。

・自分《じぶん》の意見《いけん》 □

・要約《ようやく》した部分《ぶぶん》 □

新《しん》聞《ぶん》を作《つく》ろう

名前

教《きょう》科《か》書《しょ》の「新《しん》聞《ぶん》を作《つく》ろう」を読《よ》んで、答《こた》えましょう。

(1) 新《しん》聞《ぶん》作《づく》りで使《つか》われる、次《つぎ》の言《こと》葉《ば》の意《い》味《み》にあうものを――線《せん》でむすびましょう。

① 見《み》出《だ》し ・　　・ 知《し》りたいことなどについて、いろいろな方《ほう》法《ほう》で調《しら》べて記《き》事《じ》にする材《ざい》料《りょう》を集《あつ》めること。

② 取《しゅ》材《ざい》 ・　　・ 記《き》事《じ》の大《おお》きさと、入《い》れる場《ば》所《しょ》を決《き》めること。

③ わりつけ ・　　・ 短《みじか》い言《こと》葉《ば》で、記《き》事《じ》の内《ない》容《よう》を表《あらわ》すもの。文《ぶん》章《しょう》のまとまりの初《はじ》めに書《か》かれている。

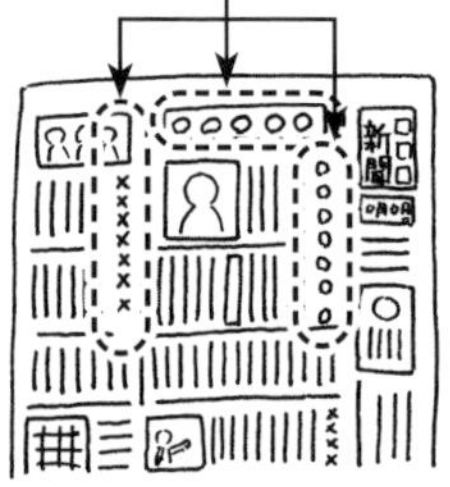

(2) 次《つぎ》の文《ぶん》章《しょう》が、新《しん》聞《ぶん》を作《つく》る順《じゅん》番《ばん》となるように、（　）にあてはまる言《こと》葉《ば》を□から選《えら》んで、書《か》きましょう。

① どんな新《しん》聞《ぶん》を作《つく》るか決《き》める。

② 見《み》て調《しら》べたり、インタビューをしたりして、（　　　）をする。

③ どの記《き》事《じ》を大《おお》きく取《と》り上《あ》げるかなど（　　　）をする。

④ 事《じ》実《じつ》が正《ただ》しく伝《つた》わるように（　　　）を書《か》く。

⑤ 新《しん》聞《ぶん》を仕《し》上《あ》げる。

・わりつけ　・取《しゅ》材《ざい》　・記《き》事《じ》

アンケート調査《ちょうさ》のしかた

名前

教科書《きょうかしょ》の「アンケート調査《ちょうさ》のしかた」を読《よ》んで、答《こた》えましょう。

(1) 次《つぎ》の文《ぶん》は、アンケート調査《ちょうさ》について説明《せつめい》した文《ぶん》です。〔　〕の中《なか》であてはまる方《ほう》の言葉《ことば》を、それぞれ○でかこみましょう。

アンケート調査《ちょうさ》は、｛一人《ひとり》／多《おお》くの人《ひと》｝の考《かんが》えを知《し》るために、回答者《かいとうしゃ》に｛同《おな》じ／ばらばらの｝しつもんをして調《しら》べる方法《ほうほう》です。

(2) 「すきな遊《あそ》び」についてクラスでアンケートをとった後《あと》、集計《しゅうけい》けっかを次《つぎ》のようになかま分《わ》けしてまとめ、さらに表《ひょう》にしました。（　）に合《あ》う言葉《ことば》や数字《すうじ》を書《か》きましょう。

【なかま分《わ》けしてまとめたもの】

・外《そと》で遊《あそ》ぶ
　サッカー　六人《ろくにん》
　やきゅう　四人《よにん》
　ダンス　二人《ふたり》
　スケートボード　一人《ひとり》

・室内《しつない》で遊《あそ》ぶ
　ゲーム　八人《はちにん》
　読書《どくしょ》　三人《さんにん》
　絵《え》をかく　一人《ひとり》

【表《ひょう》にしたもの】

すきな遊《あそ》び		人数《にんずう》
（①）	（②）	6
	やきゅう	4
	ダンス	2
	スケートボード	1
室内《しつない》で遊《あそ》ぶ	（③）	8
	読書《どくしょ》	（④）
	絵《え》をかく	1

①（　　　　）

②（　　　　）

③（　　　　）

④（　　　　）人《にん》

なかま分《わ》けしてまとめたものを表《ひょう》にすると、読《よ》む人《ひと》にとって分《わ》かりやすくなるね。

季節《きせつ》の言葉《ことば》2

夏《なつ》の楽《たの》しみ (1)

名前

(1) 次《つぎ》の文章《ぶんしょう》は、夏《なつ》にかんけいする言葉《ことば》についてせつめいしたものです。
（　）にあてはまる言葉《ことば》を[　]から選《えら》んで書《か》きましょう。

① 夏至《げし》

六月《ろくがつ》二十一日《にじゅういちにち》ごろ、一年《いちねん》で最《もっと》も（　　　）の時間《じかん》が長《なが》い日《ひ》のこと。

② 七夕《たなばた》

七月七日《しちがつなのか》に（　　　）とひこ星《ぼし》をまつる行事《ぎょうじ》のこと。

ねがいごとを書《か》いた（　　　）を、ささなどにつけてかざる。

③ ぼんおどり

おぼんのころに、人々《ひとびと》が集《あつ》まっておどること。

（　　　）やじんべえを着《き》ている人《ひと》も多《おお》い。

・たんざく　・ゆかた　・昼《ひる》　・おりひめ

(2) 次《つぎ》の言葉《ことば》の中《なか》で、夏《なつ》（六月《ろくがつ》～八月《はちがつ》）にかんけいする言葉《ことば》を二《ふた》つ選《えら》んで、○をつけましょう。

（　）ほたるがり　（　）こいのぼり

（　）もみじがり　（　）ささかざり

（　）お花見《はなみ》　（　）ひな祭《まつ》り

季節《きせつ》の言葉《ことば》2

夏《なつ》の楽《たの》しみ (2)

名前

(1) 次《つぎ》の文章《ぶんしょう》は、「ころもがえ」「ほたるがり」の言葉《ことば》をせつめいしたものです。（　）にあてはまる言葉《ことば》を□から選《えら》んで書《か》きましょう。

① ころもがえ

（　　　　）に合《あ》わせた（　　　　）の入《い》れかえのこと。多《おお》くの地《ち》いきで、毎年六月一日《まいとしろくがつついたち》に（　　　　）用《よう》に、十月一日《じゅうがつついたち》に冬用《ふゆよう》にかえる。

夏《なつ》・季節《きせつ》・服《ふく》

② ほたるがり

ほたるが、青白《あおじろ》く（　　　　）を発《はっ》して飛《と》び回《まわ》るすがたをながめること。夏《なつ》の（　　　　）の楽《たの》しみの一《ひと》つ。きれいな（　　　　）のそばでよく見《み》られる。

夜《よる》・水《みず》・光《ひかり》

(2) 次《つぎ》の俳句《はいく》について答《こた》えましょう。

ものなくて軽《かろ》き袂《たもと》や衣更《ころもがえ》

高浜《たかはま》 虚子《きょし》

（令和二年度版　光村図書　国語四上　かがやき「夏の楽しみ」による）

① 五《ご》・七《しち》・五《ご》のリズムで読《よ》めるように、上《うえ》の俳句《はいく》を／線《せん》で区切《くぎ》りましょう。

② 俳句《はいく》の季語《きご》（きせつの言葉《ことば》）を見《み》つけて、ひらがな五文字《ごもじ》で書《か》きましょう。

本《ほん》は友達《ともだち》

事実《じじつ》にもとづいて書《か》かれた本《ほん》を読《よ》もう

名前

教科書《きょうかしょ》の「事実《じじつ》にもとづいて書《か》かれた本《ほん》を読《よ》もう」を読《よ》んで、答《こた》えましょう。

● 事実《じじつ》にもとづいて書《か》かれた本《ほん》（ノンフィクション）を読《よ》んで、そのよさをポップに書《か》きました。次《つぎ》のポップの文章《ぶんしょう》を二回《にかい》読《よ》んで、問題《もんだい》に答《こた》えましょう。

学校《がっこう》は，未来《みらい》へつながる希望《きぼう》だ。　①

「ランドセルは海《うみ》をこえて」
内堀《うちぼり》タケシ　写真《しゃしん》・文《ぶん》　②

使《つか》われなくなったランドセルをアフガニスタンの子《こ》どもたちにおくる活動《かつどう》を，写真《しゃしん》でたどる絵本《えほん》です。色《いろ》あざやかな写真《しゃしん》から，アフガニスタンのくらしの様子《ようす》がよく分《わ》かります。「学校《がっこう》に通《かよ》う」ということの意味《いみ》を考《かんが》えさせられる本《ほん》です。　③

(1) 上《うえ》のポップの①～③では、どんなことが書《か》かれていますか。□から選《えら》んで記号《きごう》で答《こた》えましょう。

① □

② □

③ □

㋐ 本《ほん》の題名《だいめい》と、筆者名《ひっしゃめい》。

㋑ 本《ほん》の内容《ないよう》のかんたんなしょうかいや、読《よ》んだ感想《かんそう》。

㋒ 心《こころ》にのこった文《ぶん》の引用《いんよう》や、本《ほん》のキャッチコピー。

(2) 上《うえ》のポップの①のところで、見《み》る人《ひと》の目《め》を引《ひ》くように、どんな工夫《くふう》をしていますか。二《ふた》つに○をつけましょう。

（　）大《おお》きな字《じ》で書《か》いている。

（　）くわしく書《か》いている。

（　）下線《かせん》を引《ひ》いている。

（令和二年度版　光村図書　国語四上　かがやき「事実にもとづいて書かれた本を読もう」による）

ランドセルは海《うみ》をこえて　(1)

名前

● 次《つぎ》の文章《ぶんしょう》を二回《にかい》読《よ》んで、答《こた》えましょう。

1

アフガニスタンでは、戦争《せんそう》じょうたいが長《なが》くつづいている。ぼく（筆者《ひっしゃ》）は、日本《にほん》の子《こ》どもたちが使《つか》ったランドセルに文具《ぶんぐ》を入《い》れて、アフガニスタンの子《こ》どもたちにおくる活動《かつどう》をしている。

ここは学校《がっこう》。
アフガニスタンでは、
㋐整備《せいび》された学校《がっこう》があるとは
かぎらない。教科書《きょうかしょ》も
ノートも、当《あ》たり前《まえ》に
あるわけではない。

※整備《せいび》…ひつようなものを、いつでも使《つか》えるように
じゅんびしておくこと。

2

校舎《こうしゃ》もつくえもいすもなく、
地面《じめん》にすわって勉強《べんきょう》をする
学校《がっこう》が多《おお》くある。
小《ちい》さな黒板《こくばん》だけが
学校《がっこう》の印《しるし》。

（令和二年度版　光村図書　国語四上　かがやき　内堀《うちぼり》　タケシ）

1

(1) ㋐整備《せいび》された学校《がっこう》があるとはかぎらない。とは、どんな意味《いみ》ですか。○をつけましょう。

（　）学校《がっこう》で使《つか》うものは、すべての学校《がっこう》で何《なん》でもそろっている。

（　）学校《がっこう》で使《つか》うものが、どの学校《がっこう》にもかならずあるとは言《い》えない。

(2) アフガニスタンでは、教科書《きょうかしょ》やノートはありますか。○をつけましょう。

（　）かならずある。

（　）ないこともある。

2

(1) 校舎《こうしゃ》もつくえもいすもない学校《がっこう》では、どこにすわって勉強《べんきょう》しますか。

(2) 学校《がっこう》の印《しるし》となっているのは、何《なん》ですか。

ランドセルは海《うみ》をこえて　(2)

名前

● 次《つぎ》の文章《ぶんしょう》を二回《にかい》読《よ》んで、答《こた》えましょう。

1

［アフガニスタンでは、小《ちい》さな黒板《こくばん》だけが学校《がっこう》の印《しるし》。］

それでも、みんな勉強《べんきょう》が大好《だいす》きだ。字《じ》が読《よ》めるようになり、書《か》けるようになり、新《あたら》しいことをたくさん知《し》る。

みんな、すごい集中力《しゅうちゅうりょく》。先生《せんせい》の言葉《ことば》を聞《き》きたいと、㋐じっと前《まえ》を見《み》ている。じゅぎょう中《ちゅう》は、先生《せんせい》のしつもんにいっせいに手《て》をあげ、しんけんに答《こた》える。

2

君《きみ》たちがおくった
じょうぶなランドセルは、
かばんとしてはもちろん、
つくえの代《か》わりにも
使《つか》われている。

（令和二年度版　光村図書　国語四上　かがやき　内堀《うちぼり》　タケシ）

1

(1) みんなが大好《だいす》きなことは、何《なん》ですか。

(2) みんなが、㋐じっと前《まえ》を見《み》ているのは、どうしてですか。

□を聞《き》きたいから。

(3) じゅぎょう中《ちゅう》、みんなは、何《なに》に対《たい》していっせいに手《て》をあげますか。

2 ランドセルは、アフガニスタンで何《なに》として使《つか》われていますか。二《ふた》つ書《か》きましょう。

□の代《か》わり。

ランドセルは海《うみ》をこえて　(3)

名前

● 次《つぎ》の文章《ぶんしょう》を二回《にかい》読《よ》んで、答《こた》えましょう。

1

クラスには、いろいろな年《ねん》れいの子《こ》どもがいる。アフガニスタンでは、子《こ》どもたちも大人《おとな》と同《おな》じくらい大切《たいせつ》な㋐働《はたら》き手《て》だ。商売《しょうばい》や農業《のうぎょう》の手伝《てつだ》いはもちろん、水《みず》くみ、家畜《かちく》の世話《せわ》、すいじせんたく、弟《おとうと》や妹《いもうと》の世話《せわ》――いろいろな仕事《しごと》をして、家族《かぞく》どうしでささえ合《あ》う。だから、学校《がっこう》に通《かよ》い始《はじ》める年《ねん》れいが、㋑。

※家畜《かちく》…人間《にんげん》が育《そだ》てている、牛《うし》や馬《うま》などの動物《どうぶつ》。
※すいじ…食《た》べ物《もの》を作《つく》ること。

2

まずしい家庭《かてい》では、きょうだい全員《ぜんいん》が学校《がっこう》に行《い》けるとはかぎらない。だれが、いつ学校《がっこう》に行《い》けるかは、そのときどきの家《いえ》の事情《じじょう》でかわってくる。

（令和二年度版　光村図書　国語四上　かがやき　内堀《うちぼり》　タケシ）

1

(1) ㋐働《はたら》き手《て》とは、どんな意味《いみ》ですか。○をつけましょう。

（　）働《はたら》いて、家族《かぞく》の生活《せいかつ》をささえる人《ひと》。
（　）働《はたら》く人《ひと》のお世話《せわ》になっている人《ひと》。

(2) アフガニスタンの子《こ》どもたちは、大人《おとな》と同《おな》じくらいの何《なん》だといっていますか。

(3) ㋑にあてはまる言葉《ことば》に○をつけましょう。

（　）同《おな》じになる
（　）ちがってくる

2

きょうだい全員《ぜんいん》が学校《がっこう》に行《い》けないこともあるのは、どのような家庭《かてい》の子《こ》どもですか。

ランドセルは海《うみ》をこえて　(4)

名前

● 次《つぎ》の文章《ぶんしょう》を二回《にかい》読《よ》んで、答《こた》えましょう。

1

〔アフガニスタンでは、大切《たいせつ》な働《はたら》き手《て》でもある子《こ》どもは、学校《がっこう》に通《かよ》い始《はじ》める年《ねん》れいがちがってくる。〕

そういうかんきょうでは、㋐ランドセルは大《おお》きな意味《いみ》をもつ。同《おな》じ村《むら》にランドセルをせおった子《こ》どもがいることで、学校《がっこう》に行《い》っていない子《こ》どもたちの親《おや》が、自分《じぶん》の子《こ》どもも学校《がっこう》に行《い》かせたいという気持《きも》ちになるからだ。

2

紛争《ふんそう》が長《なが》くつづいているアフガニスタンには、大人《おとな》でも文字《もじ》を読《よ》めない人《ひと》がたくさんいる。文字《もじ》が読《よ》めないと、仕事《しごと》もかぎられる。新聞《しんぶん》や本《ほん》が読《よ》めず、社会《しゃかい》で起《お》きている出来事《できごと》を知《し》る機会《きかい》も少《すく》なくなる。健康《けんこう》で安全《あんぜん》にくらす方法《ほうほう》を知《し》ることもむずかしい。

※紛争《ふんそう》…もめて争《あらそ》うこと。戦争《せんそう》。

（令和二年度版　光村図書　国語四上　かがやき　内堀《うちぼり》　タケシ）

1　㋐ランドセルは大《おお》きな意味《いみ》をもつとは、ランドセルにはどんな役《やく》わりがあるということですか。

学校《がっこう》に行《い》っていない子《こ》どもたちの（　　　）を、（　　　）という気《き》持《も》ちにさせる役《やく》わり。

2　大人《おとな》になって文字《もじ》が読《よ》めないと、どうなりますか。三《みっ》つ書《か》きましょう。

（　　　）がかぎられる。

出来事《できごと》を知《し》る機会《きかい》が少《すく》なくなる。（　　　）

方法《ほうほう》を知《し》ることがむずかしい。（　　　）

ランドセルは海《うみ》をこえて　(5)

名前

●次《つぎ》の文章《ぶんしょう》を二回《にかい》読《よ》んで、答《こた》えましょう。

1

学校《がっこう》は、未来《みらい》へつながる希望《きぼう》だ。勉強《べんきょう》をすることで、文字《もじ》を覚《おぼ》え、計算《けいさん》もできるようになる。

2

文字《もじ》を読《よ》むことができれば、買《か》ってきた薬《くすり》をいつ、どのくらい飲《の》めばいいのかが分《わ》かる。そして、㋐衛生的《えいせいてき》なくらしをして㋑家族《かぞく》を病気《びょうき》から守《まも》ることができる。

（令和二年度版　光村図書　国語四上　かがやき　内堀《うちぼり》　タケシ）

1

(1) 筆者《ひっしゃ》は、学校《がっこう》はどんなものだといっていますか。文中《ぶんちゅう》の言葉《ことば》九文字《きゅうもじ》で答《こた》えましょう。

□□□□□□□□□

(2) 勉強《べんきょう》をすることで、どんなことができるようになりますか。

［　　　　］を覚《おぼ》え、［　　　　］もできるようになる。

2

(1) ㋐衛生的《えいせいてき》なくらしとは、どんな意味《いみ》ですか。○をつけましょう。

（　）身《み》の回《まわ》りが、きれいでせいけつな生活《せいかつ》。

（　）身《み》の回《まわ》りが、よごれたきたない生活《せいかつ》。

(2) 筆者《ひっしゃ》は、勉強《べんきょう》をして、㋑家族《かぞく》を病気《びょうき》から守《まも》ることができれば、どんなことができるといっていますか。

文字《もじ》を［　　　　］こと。

忘《わす》れもの

名前

● 次《つぎ》の詩《し》を二回読《にかいよ》んで、答《こた》えましょう。

忘《わす》れもの

高田《たかだ》　敏子《としこ》

入道雲《にゅうどうぐも》にのって
㋐夏休《なつやす》みはいってしまった
「サヨナラ」のかわりに
素晴《すば》らしい夕立《ゆうだち》をふりまいて

㋑けさ　空《そら》はまっさお
木々《きぎ》の葉《は》の一枚一枚《いちまいいちまい》が
あたらしい光《ひかり》とあいさつをかわしている

だがキミ！　夏休《なつやす》みよ
もう一度《いちど》　もどってこないかな
㋒忘《わす》れものをとりにさ

迷子《まいご》のセミ
さびしそうな麦《むぎ》わら帽子《ぼうし》
それから　ぼくの耳《みみ》に
くっついて離《はな》れない波《なみ》の音《おと》

（令和二年度版　光村図書　国語四上　かがやき　高田　敏子）

(1) ㋐夏休《なつやす》みはいってしまったとは、どんな意味《いみ》ですか。○をつけましょう。

（　）夏休《なつやす》みが始《はじ》まったこと。
（　）夏休《なつやす》みが終《お》わったこと。

(2) ㋑けさとは、いつのことを表《あらわ》していますか。○をつけましょう。

（　）夏休《なつやす》みが終《お》わった日《ひ》。
（　）夏休《なつやす》みが終《お》わって、学校《がっこう》が始《はじ》まる日《ひ》。

(3) ㋒忘《わす》れものをしたのは、だれ（何《なん》）ですか。

(4) ㋒忘《わす》れものとして、何《なに》が書《か》かれていますか。三《みっ》つ選《えら》んで○をつけましょう。

（　）夏休《なつやす》み
（　）あたらしい光《ひかり》
（　）迷子《まいご》のセミ
（　）麦《むぎ》わら帽子《ぼうし》
（　）耳《みみ》にのこっている波《なみ》の音《おと》

ぼくは川《かわ》

名前

● 次《つぎ》の詩《し》を二回読《にかいよ》んで、答《こた》えましょう。

ぼくは川《かわ》

阪田《さかた》　寛夫《ひろお》

じわじわひろがり
背《せ》をのばし
土《つち》と砂《すな》とをうるおして
くねって　うねって　ほとばしり
とまれと言《い》っても　もうとまらない
①
ぼくは川《かわ》
真《ま》っ赤《か》な月《つき》にのたうったり
砂漠《さばく》のなかに渇《かわ》いたり
それでも雲《くも》の影《かげ》うかべ
さかなのうろこを光《ひか》らせて
あたらしい日《ひ》へほとばしる
あたらしい日《ひ》へほとばしる

※うるおす…ぬらす。
※うねる…曲《ま》がりくねりながら行《い》く。
※ほとばしる…いきよいよくふき出《だ》す。
※のたうつ…苦《くる》しくて、転《ころ》がり回《まわ》る。

（令和二年度版　光村図書　国語四上　かがやき　阪田　寛夫）

(1) この詩《し》で、「ぼく」は何《なん》だといっていますか。

(2) ①のところでは、川《かわ》のどんな様子《ようす》を表《あらわ》してしますか。□から選《えら》んで記号《きごう》で答《こた》えましょう。

㋐ 広《ひろ》く大《おお》きな場所《ばしょ》でたっぷりの水《みず》がゆったりと流《なが》れる様子《ようす》。

㋑ 水《みず》がゆっくりと少《すこ》しずつ広《ひろ》がりはじめるところから、いきおいよく流《なが》れるようになっていく様子《ようす》。

(3) 川《かわ》は、何《なに》に向《む》かってほとばしるといっていますか。詩《し》の中《なか》から六文字《ろくもじ》で書《か》き出《だ》しましょう。

あなたなら、どう言《い》う

名前

教科書《きょうかしょ》の「あなたなら、どう言《い》う」を読《よ》んで、答《こた》えましょう。

● お姉《ねえ》さんが家《いえ》に帰《かえ》ってきたら、妹《いもうと》のおもちゃや本《ほん》が部屋中《へやじゅう》に散《ち》らかっていました。このときの二人《ふたり》の様子《ようす》や思《おも》いを確《たし》かめて、問題《もんだい》に答《こた》えましょう。

お姉《ねえ》さん
妹《いもうと》

お姉《ねえ》さん　これから友達《ともだち》が遊《あそ》びに来《く》るので、部屋《へや》をきれいにしたいと思《おも》っている。

妹《いもうと》　大事《だいじ》にしているぬいぐるみが見《み》つからなくて、一生《いっしょう》けんめいにさがしている。

(1) お姉《ねえ》さんが、妹《いもうと》の立場《たちば》になって考《かんが》えた言《い》い方《かた》ができているほうは、次《つぎ》の㋐、㋑のどちらだと思《おも》いますか。○をつけましょう。

㋐（　　）

妹《いもうと》
大事《だいじ》なぬいぐるみを見《み》つけようと、さっきからずっとさがしているところなの…。
お姉《ねえ》さん
友達《ともだち》がもうすぐ遊《あそ》びに来《く》るから、とにかく早《はや》くかたづけて。

㋑（　　）

妹《いもうと》
大事《だいじ》なぬいぐるみを見《み》つけようと、さっきからずっとさがしているところなの…。
お姉《ねえ》さん
そうだったんだ。じゃあ、いっしょにさがしながら、部屋《へや》をかたづけていこうか。

パンフレットを読《よ》もう

名前

教科書《きょうかしょ》の「パンフレットを読《よ》もう」を読《よ》んで、答《こた》えましょう。

(1) 次《つぎ》の文章《ぶんしょう》は、パンフレットについて説明《せつめい》したものです。（　）にあてはまる言葉《ことば》を□から選《えら》んで書《か》きましょう。

パンフレットとは、物《もの》や（　　　）などについて、説明《せつめい》をしたり、その（　　　）をみんなに知《し》らせたりするためのものです。（　　　）に持《も》ち運《はこ》べて、それを見《み》ながら行動《こうどう》できるように、写真《しゃしん》や（　　　）などと、短《みじか》い文章《ぶんしょう》で作《つく》られています。

・よさ　・場所《ばしょ》
・絵《え》　・手軽《てがる》

たとえば、電気《でんき》せいひんのはたらきをしょうかいするものや、動物園《どうぶつえん》の地図《ちず》や見《み》どころが書《か》かれたものなど、身《み》の回《まわ》りのあちこちにあるね。見《み》たことがあるかな。

(2) パンフレットには、どのようなものがあるでしょう。あてはまるものに○を、そうでないものに×をつけましょう。（○は三《みっ》つあります）

（　）おかし工場《こうじょう》の見学案内《けんがくあんない》
（　）クラスの文集《ぶんしゅう》
（　）テレビの商品《しょうひん》カタログ
（　）遊園地《ゆうえんち》の園内《えんない》マップ
（　）動物《どうぶつ》の図《ず》かん

いろいろな意味《いみ》をもつ言葉《ことば》(1)

名前

● 次《つぎ》の□には同《おな》じ言葉《ことば》が入《はい》ります。その言葉《ことば》を□から選《えら》んで〈例《れい》〉にならって、上《うえ》の□に書《か》きましょう。

〈例《れい》〉

とる

- 朝食《ちょうしょく》を□
- 場所《ばしょ》を□
- とんぼを□
- めがねを□

①

- 重《おも》さを□
- 長《なが》さを□
- 時間《じかん》を□
- 交流《こうりゅう》を□

②

- 電気《でんき》が□
- 学校《がっこう》に□
- つえを□
- 席《せき》に□

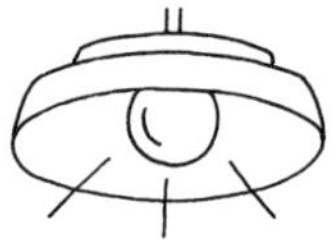

③

- 足音《あしおと》を□
- はたを□
- 家《いえ》を□
- 計画《けいかく》を□

④

- 入学式《にゅうがくしき》に□
- 校庭《こうてい》に□
- 家《いえ》を□
- 星《ほし》が□

たてる・はかる・でる・つく

いろいろな意味《いみ》をもつ言葉《ことば》 (2)

名前

● 次《つぎ》の①～⑤の三《みっ》つの（　）には、どれも同《おな》じ言葉《ことば》が入《はい》ります。（　）に入《はい》る言葉《ことば》を□から選《えら》んで□に書《か》きましょう。

①
ベルが（　）。
木《き》の実《み》が（　）。
社長《しゃちょう》に（　）。

②
かぜを（　）。
ピアノを（　）。
つなを（　）。

③
気温《きおん》が（　）。
空《そら》にたこが（　）。
二階《にかい》に（　）。

④
かぎを（　）。
電話《でんわ》を（　）。
5に2を（　）。

⑤
スープの味《あじ》を（　）。
弟《おとうと》のめんどうを（　）。
テレビを（　）。

みる ・ なる ・ あがる ・ ひく ・ かける

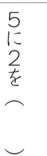

いろいろな意味《いみ》をもつ言葉《ことば》 (3)

名前

● 次《つぎ》の言葉《ことば》は、文《ぶん》の中《なか》でそれぞれどんな意味《いみ》で使《つか》われていますか。□から選《えら》んで、記号《きごう》で答《こた》えましょう。

(1) とる

① こん虫《ちゅう》をとる。 □

② 食事《しょくじ》をとる。 □

③ ざっ草《そう》をとる。 □

㋐ とりのぞく。
㋑ 食《た》べる。
㋒ つかまえる。

(2) あける

① 年《とし》があける。 □

② 店《みせ》をあける。 □

③ 席《せき》をあける。 □

㋐ すき間《ま》を作《つく》る。
㋑ 新《あたら》しい年《とし》になる。
㋒ 始《はじ》める。

(3) あたる

① 日《ひ》があたる。 □

② くじにあたる。 □

③ 球《たま》が足《あし》にあたる。 □

㋐ 光《ひかり》などを受《う》ける。
㋑ ぶつかる。
㋒ 的中《てきちゅう》する。

いろいろな意味《いみ》をもつ言葉《ことば》 (4)

名前

(1) 次《つぎ》の——線《せん》の言葉《ことば》は、㋐、㋑のどちらと同《おな》じ意味《いみ》で使《つか》われていますか。同《おな》じほうに○をつけましょう。

① 手《て》に絵《え》の具《ぐ》がつく。

㋐（　）電車《でんしゃ》がもうすぐ駅《えき》につく。

㋑（　）かみの毛《け》にほこりがつく。

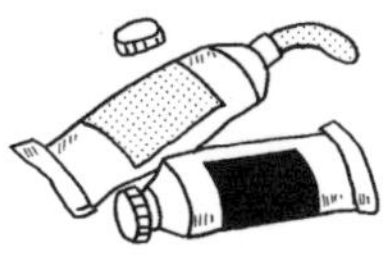

② 長《なが》いぼうを地面《じめん》にたてる。

㋐（　）店《みせ》の前《まえ》に大売《おおう》り出《だ》しの　はたをたてる。

㋑（　）新《あたら》しく家《いえ》をたてる。

(2) 次《つぎ》の—の言葉《ことば》は、㋐～㋒のどれと同《おな》じ意味《いみ》で使《つか》われていますか。一《ひと》つに○をつけましょう。

① 二人《ふたり》でふとんにシーツをかける。

㋐（　）晴《は》れた日《ひ》に野原《のはら》をかける。

㋑（　）ハンガーに新《あたら》しい服《ふく》をかける。

㋒（　）お気《き》に入《い》りの本《ほん》にカバーをかける。

② 全力《ぜんりょく》でつなをひく。

㋐（　）わからない言葉《ことば》の意味《いみ》を辞書《じしょ》でひく。

㋑（　）つくえを手前《てまえ》にひく。

㋒（　）線《せん》をまっすぐひく。

山《やま》ねこ、おことわり (1)

名前

● 次《つぎ》の文章《ぶんしょう》を二回《にかい》読んで、答《こた》えましょう。

1

［松井《まつい》さんは、タクシーの運転手《うんてんしゅ》です。ある日《ひ》、わかい男《おとこ》の人《ひと》をお客《きゃく》として乗せました。］

するとお客《きゃく》は、のどのおくでごろごろするような、低《ひく》いやわらかい笑《わら》い声《ごえ》を立《た》てました。

いやな笑《わら》い方《かた》だな、と

バックミラーを見《み》た松井《まつい》さんは、「あっ。」と声《こえ》を出《だ》しそうになりました。

※バックミラー…自動車《じどうしゃ》の運転席《うんてんせき》から、後《うし》ろのほうを見《み》るためのかがみ。

2

車《くるま》が、がくっ、とゆれました。

バックミラーの中《なか》の男《おとこ》の顔《かお》に、こげ茶《ちゃ》のしまの毛《け》が生《は》えていました。

金色《きんいろ》の目《め》、しめった黒《くろ》い鼻《はな》、はり金《がね》のように、ぴんと横《よこ》にはったひげ――。

なんと、お客《きゃく》はネクタイをしめた山《やま》ねこでした。

（令和二年度版　光村図書　国語四上　かがやき　あまん　きみこ）

1

(1) お客《きゃく》は、どんな笑《わら》い声《ごえ》を立《た》てましたか。

［　　　　］するような、［　　　　］笑《わら》い声《ごえ》。

(2) お客《きゃく》が立《た》てた笑《わら》い声《ごえ》を聞《き》いて、松井《まつい》さんはどう思《おも》いましたか。文中《ぶんちゅう》から書《か》き出《だ》しましょう。

［　　　　］

2

(1) バックミラーの中《なか》の男《おとこ》の顔《かお》には、どんな毛《け》が生《は》えていましたか。

［　　　　］

(2) バックミラーの中《なか》の男《おとこ》の目《め》は、何色《なにいろ》でしたか。

［　　　　］

(3) お客《きゃく》は、だれでしたか。

［　　　　］

山《やま》ねこ、おことわり (2)

名前

● 次《つぎ》の文章《ぶんしょう》を二回《にかい》読《よ》んで、答《こた》えましょう。

1

［松井《まつい》さんが乗《の》せたお客《きゃく》は、ネクタイをしめた山《やま》ねこでした。］

松井《まつい》さんは、力《ちから》いっぱいブレーキをふみました。もうもうと土《つち》ぼこりを上《あ》げて、車《くるま》が止《と》まりました。

㋐「おりてくださいよ。」

松井《まつい》さんはふり向《む》かないで言《い》いました。声《こえ》までふるえそうなのを、やっとこらえていたのです。

※こらえて…がまんして。

2

㋑「こんな所《ところ》で、おりなくちゃいけないのでしょうか。」

こう言《い》いながら、お客《きゃく》が松井《まつい》さんの方《ほう》に顔《かお》をよせたのか――、生《なま》ぐさいにおいがぷんとしてきました。

※生《なま》ぐさい…血《ち》や、生《なま》の肉《にく》や魚《さかな》などのような（におい）。

（令和二年度版　光村図書　国語四上　かがやき　あまん　きみこ）

1 「㋐おりてくださいよ。」について答《こた》えましょう。

① だれが言《い》った言葉《ことば》ですか。

［　　　］

② どんなふうに言《い》いましたか。一《ひと》つに○をつけましょう。

（　）後《うし》ろをふり向《む》いて、ふるえながら言《い》った。

（　）後《うし》ろをふり向《む》かずに、声《こえ》がふるえないように気《き》をつけて言《い》った。

（　）後《うし》ろをふり向《む》かずに、声《こえ》をふるわせて言《い》った。

2 「㋑こんな所《ところ》で、…でしょうか。」について答《こた》えましょう。

① だれが言《い》った言葉《ことば》ですか。

［　　　］

② このとき、松井《まつい》さんは、どんなにおいを感《かん》じましたか。

［　　　］

山《やま》ねこ、おことわり (3)

名前

● 次《つぎ》の文章《ぶんしょう》を二回《にかい》読《よ》んで、答《こた》えましょう。

1

〔ある日《ひ》、乗《の》せたお客《きゃく》が山《やま》ねこだと分《わ》かった松井《まつい》さんは、「おりてくださいよ。」と言《い》いました。〕

あ「だって、あんたは、山《やま》ねこでしょう。」

い「でも、この車《くるま》のどこにも『山《やま》ねこ、おことわり』とは書《か》いてなかったですよ。」

ア それは、まあ、そうだ、と松井《まつい》さんは思《おも》いました。

2

う「料金《りょうきん》をはらえば、だれであろうと、同《おな》じじゃありませんか。」

イ それもまあ、そうだ、と松井《まつい》さんはまた、思《おも》いました。

（令和二年度版　光村図書　国語四上　かがやき　あまん　きみこ）

1

(1) あ、いの言葉《ことば》は、それぞれだれが言《い》った言葉《ことば》ですか。

あ

い

(2) ア それは、まあ、そうだと思《おも》いましたか。松井《まつい》さんは、どんなことを、

〔自分《じぶん》の車《くるま》のどこにも「　」と書《か》いてなかったこと。〕

2

(1) うの言葉《ことば》は、だれが言《い》った言葉《ことば》ですか。

(2) イ それもまあ、そうだと思《おも》いましたか。松井《まつい》さんは、どんなことを、

〔　をはらえば、だれでも同《おな》じだということ。〕

山《やま》ねこ、おことわり (4)

名前

● 次《つぎ》の文章《ぶんしょう》を二回読《にかいよ》んで、答《こた》えましょう。

1

〔お客《きゃく》の山《やま》ねこは、タクシー運転手《うんてんしゅ》の松井《まつい》さんに話《はな》をしています。〕

「お願《ねが》いしますよ。なにしろ、急《いそ》いでいるんです。母《はは》が病気《びょうき》になったと、電報《でんぽう》が来《き》たのですよ。わたしは、医者《いしゃ》なのです。といっても、まだ、医者《いしゃ》になったばかりなのですがね。」

2

送《おく》ってやろうかな、いや、㋐送《おく》るべきだ、と松井《まつい》さんは思《おも》いました。そして、［㋑］まばたきをして、自分《じぶん》の頭《あたま》を、三度《さんど》たたいてみました。それでも㋒決心《けっしん》が変《か》わらなかったので、はっきりうなずきました。

「いいです。お送《おく》りしましょう。」

（令和二年度版　光村図書　国語四上　かがやき　あまん　きみこ）

1

(1) 山《やま》ねこが急《いそ》いでいるのは、なぜですか。

［　　　　］という電報《でんぽう》が来《き》たから。

(2) 山《やま》ねこの仕事《しごと》は、何《なん》だと言《い》っていますか。

［　　　　］

2

(1) ㋐送《おく》るべきだとは、どんな意味《いみ》ですか。○をつけましょう。

（　）送《おく》らなくてもよい。

（　）送《おく》らなければならない。

(2) ㋑にあてはまる言葉《ことば》に○をつけましょう。

（　）ぱちぱち

（　）ぱくぱく

(3) 松井《まつい》さんは、どうすることを㋒決心《けっしん》しましたか。

山《やま》ねこを［　　　　］こと。

言葉《ことば》のたから箱《ばこ》 (1)

名前

考《かんが》えや気持《きも》ちをつたえる言葉《ことば》の意味《いみ》や使《つか》い方《かた》をたしかめましょう。

(1) 次《つぎ》の言葉《ことば》と反対《はんたい》の意味《いみ》を表《あらわ》す言葉《ことば》を□から選《えら》んで書《か》きましょう。

① おくびょう ↔ （　　）

② 気長《きなが》 ↔ （　　）

③ たよりない ↔ （　　）

・短気《たんき》　・ゆうかん　・たのもしい

(2) 次《つぎ》の文《ぶん》を読《よ》んで、——線《せん》の言葉《ことば》の意味《いみ》にあうものに○をつけましょう。

① 妹《いもうと》はいつも大《おお》げさに話《はな》す。

（　）本当《ほんとう》にあったことをそのままのとおりに。

（　）本当《ほんとう》のことよりもたいへんなように見《み》せかけて。

② 新《あたら》しいくつは、大《おお》きさも軽《かる》さも言《い》うことなしだ。

（　）すばらしい。

（　）少《すこ》しだけ問題《もんだい》がある。

③ これは、世界《せかい》に二《ふた》つとない大切《たいせつ》な物《もの》だ。

（　）二《ふた》つだけしかない。

（　）ただ一《ひと》つしかない。

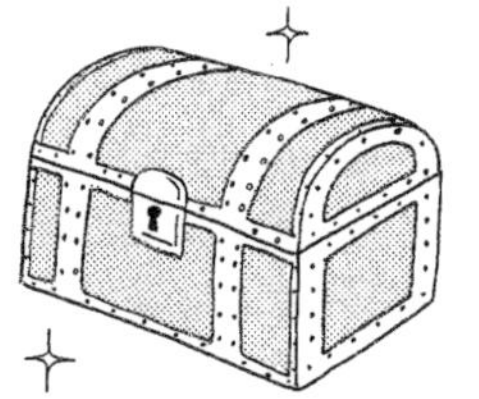

言葉《ことば》のたから箱《ばこ》 (2)

名前

考《かんが》えや気持《きも》ちをつたえる言葉《ことば》の意味《いみ》や使《つか》い方《かた》をたしかめましょう。

(1) 次《つぎ》の文《ぶん》を読《よ》んで、——線《せん》を引《ひ》いた言葉《ことば》の意味《いみ》にあうものに○をつけましょう。

① あまりにとつぜんのことで、あっけにとられる。

（　）意外《いがい》なことに、おどろきあきれる。

（　）いやなことがなくなって、すっきりする。

② きみは、もっとかたの力《ちから》をぬくほうがいいと思《おも》う。

（　）力《ちから》が入《はい》りすぎているのを、ゆったりと楽《らく》にする。

（　）かたのつかれやこりをとる。

③ 山《やま》のような問題《もんだい》に頭《あたま》をかかえる。

（　）頭《あたま》を使《つか》って、いろいろとよく考《かんが》える。

（　）ひどくこまる。

(2) 次《つぎ》の文《ぶん》の（　）にあてはまる言葉《ことば》を□から選《えら》んで書《か》きましょう。

① 大事《だいじ》な試合《しあい》の前《まえ》に、（　　　）。

② のろのろと動《うご》く弟《おとうと》を見《み》ていると、（　　　）。

③ 人前《ひとまえ》でほめられて、少《すこ》し（　　　）。

・じれったい　・気《き》はずかしい　・気《き》を引《ひ》きしめる

4頁

かがやき

名前

● 次《つぎ》の詩《し》を二回読《にかいよ》んで、答《こた》えましょう。

かがやき

雲《くも》がかがやいている。
林《はやし》の上《うえ》で。

みんなのほおもかがやいている。
湖《みずうみ》のほとりで。

あ、今《いま》、㋐太陽《たいよう》が
山《やま》をはなれた。

※ほとり…そば。近《ちか》く。

（令和二年度版　光村図書　国語四上　かがやき　羽曽部　忠）

(1) 雲《くも》は、どこでかがやいていますか。

［林の上］

(2) みんなは、どこにいますか。

［湖のほとり］

(3) ㋐太陽《たいよう》が山《やま》をはなれたとは、どんな様子《ようす》を表《あらわ》していますか。○をつけましょう。

（○）山《やま》の向《む》こうからのぼってきた太陽《たいよう》が、山《やま》の上《うえ》にすべて出《で》てきた様子《ようす》。
（　）太陽《たいよう》が、山《やま》の向《む》こうにゆっくりしずんでいく様子《ようす》。

(4) この詩《し》は、一日《いちにち》のうちのいつごろのことを表《あらわ》した詩《し》ですか。一《ひと》つに○をつけましょう。

（○）夜明《よあ》けごろ
（　）昼《ひる》
（　）夕方《ゆうがた》ごろ

5頁

春《はる》のうた

名前

● 次《つぎ》の詩《し》を二回読《にかいよ》んで、答《こた》えましょう。

春《はる》のうた　草野《くさの》　心平《しんぺい》

かえるは冬《ふゆ》のあいだは土《つち》の中《なか》にいて
春《はる》になると地上《ちじょう》に出《で》てきます。
そのはじめての日《ひ》のうた。

ほっ　㋐まぶしいな。
ほっ　㋑うれしいな。

みずは　つるつる。
かぜは　そよそよ。
ケルルン　クック。
ああいいにおいだ。
ケルルン　クック。

ほっ　いぬのふぐりがさいている。
ほっ　おおきなくもがうごいてくる。

ケルルン　クック。
ケルルン　クック。

※いぬのふぐり…三月《さんがつ》から四月《しがつ》の春早《はるはや》くに道《みち》ばたに小《ちい》さな花《はな》をつけてさく、「おおいぬのふぐり」のことと考《かんが》えられる。

（令和二年度版　光村図書　国語四上　かがやき　草野　心平）

(1) この詩《し》は、かえるが、春《はる》になって、どこからどこにはじめて出《で》てきた日《ひ》のことをうたっていますか。

［土の中］から［地上］にはじめて出《で》てきた日《ひ》。

(2) ㋐まぶしいな。㋑うれしいな。と思《おも》っているのは、だれですか。

［かえる］

(3) 「ケルルン　クック。」とは、何《なに》を表《あらわ》したものですか。○をつけましょう。

（　）水《みず》や風《かぜ》の音《おと》。
（○）かえるの鳴《な》き声《ごえ》。

(4) かえるの目《め》に見《み》えたものは、何《なん》でしたか。二《ふた》つ見《み》つけて、詩《し》の中《なか》の六文字《ろくもじ》の言葉《ことば》で書《か》き出《だ》しましょう。

［いぬのふぐり］
［おおきなくも］

6頁

白《しろ》いぼうし (1)

名前

● 教科書《きょうかしょ》の「白《しろ》いぼうし」の全文《ぜんぶん》を読《よ》んだ後《あと》、次《つぎ》の文章《ぶんしょう》を二回読《にかいよ》んで、答《こた》えましょう。

1

松井《まつい》さんは、タクシーの運転手《うんてんしゅ》です。道《みち》に落《お》ちていた白《しろ》いぼうしを松井《まつい》さんがつまみ上《あ》げたとたん、ちょうが飛《と》び出《だ》してにげてしまいました。松井《まつい》さんは、その白《しろ》いぼうしの中《なか》に、持《も》っていた夏《なつ》みかんを入《い》れておきました。

車《くるま》にもどると、おかっぱの
かわいい女《おんな》の子《こ》が、
ちょこんと
後《うし》ろのシートに
すわっています。

2

㋐「道《みち》にまよったの。行《い》っても
行《い》っても、四角《しかく》い建物《たてもの》
ばかりだもん。」
つかれたような声《こえ》でした。
㋑「ええと、どちらまで。」
㋒「え。――ええ、あの、あのね、
菜《な》の花横丁《はなよこちょう》ってあるかしら。」
㋓「菜《な》の花橋《はなばし》のことですね。」

（令和二年度版　光村図書　国語四上　かがやき　あまん　きみこ）

1

(1) 松井《まつい》さんが車《くるま》にもどると、だれが後《うし》ろのシートにすわっていましたか。

［(おかっぱのかわいい)女の子］

(2) 女《おんな》の子《こ》がすわっている様子《ようす》を表《あらわ》している言葉《ことば》を、文中《ぶんちゅう》から四文字《よんもじ》で答《こた》えましょう。

［ちょこん］

2

(1) ㋐～㋓のうち、女《おんな》の子《こ》の言葉《ことば》を二《ふた》つえらんで、記号《きごう》で答《こた》えましょう。

［㋐］［㋒］

(2) 女《おんな》の子《こ》は、どんな声《こえ》で話《はな》しましたか。

［つかれたような声］

(3) 女《おんな》の子《こ》が行《い》きたい場所《ばしょ》は、どこですか。○をつけましょう。

（　）四角《しかく》い建物《たてもの》
（○）菜《な》の花橋《はなばし》

7頁

白《しろ》いぼうし (2)

名前

● 次《つぎ》の文章《ぶんしょう》を二回読《にかいよ》んで、答《こた》えましょう。

1

エンジンをかけたとき、
遠《とお》くから、元気《げんき》そうな
男《おとこ》の子《こ》の声《こえ》が近《ちか》づいて
きました。
「あのぼうしの下《した》さあ。
お母《かあ》ちゃん、本当《ほんとう》だよ。
本当《ほんとう》のちょうちょが、
いたんだもん。」

2

水色《みずいろ》の新《あたら》しい虫《むし》とりあみを
かかえた男《おとこ》の子《こ》が、エプロンを
着《つ》けたままの
お母《かあ》さんの手《て》を、
ぐいぐい
引《ひ》っぱってきます。
「ぼくが、あのぼうしを
開《あ》けるよ。だから、
お母《かあ》ちゃんは、このあみで
おさえてね。あれっ、石《いし》が
のせてあらあ。」

（令和二年度版　光村図書　国語四上　かがやき　あまん　きみこ）

1

(1) 松井《まつい》さんがエンジンをかけたとき、だれの声《こえ》が近《ちか》づいてきましたか。

［(元気そうな)男の子(の声)］

(2) 男《おとこ》の子《こ》は、ぼうしの下《した》に何《なに》がいたと言《い》っていますか。

［(本当の)ちょうちょ］

2

(1) 男《おとこ》の子《こ》が持《も》っていたものは、何《なん》ですか。

［(水色の新しい)虫とりあみ］

(2) 男《おとこ》の子《こ》は、お母《かあ》さんにどんなことをたのみましたか。○をつけましょう。

（　）ぼうしを開《あ》けること。
（○）ぼうしの中《なか》のちょうちょが出《で》てきたら、あみでおさえること。

本書の解答は，あくまでもひとつの例です。児童に取り組ませる前に，必ず指導される方が問題を解いてください。指導される方の作られた解答をもとに，児童の多様な考えに寄り添って○つけをお願いします。

8頁

白《しろ》いぼうし (3)

名前

● 次《つぎ》の文章《ぶんしょう》を二回《にかいよ》読んで、答《こた》えましょう。

1

客席《きゃくせき》の女《おんな》の子《こ》が、後《うし》ろから乗《の》り出《だ》して、㋐せかせかと言《い》いました。

「早《はや》く、おじちゃん。早《はや》く行《い》ってちょうだい。」

2

松井《まつい》さんは、あわててアクセルをふみました。㋑やなぎのなみ木《き》が、みるみる後《うし》ろに流《なが》れていきます。

※アクセル…ペダルをふむと、速度《そくど》が速《はや》くなる自動車《じどうしゃ》のそうち。

（令和二年度版　光村図書　国語四上　かがやき　あまん　きみこ）

1

(1) 女《おんな》の子《こ》は、どこにすわっていますか。

タクシーの（後ろの）客席。

(2) ㋐せかせかととは、どんな様子《ようす》のことですか。○をつけましょう。

（　）ゆったりと落《お》ち着《つ》いている様子《ようす》。

（○）あわてて落《お》ち着《つ》きがない様子《ようす》。

2

(1) あわててアクセルをふんだのは、だれですか。

松井さん

(2) ㋑やなぎの…流《なが》れていきます。とは、どんな様子《ようす》を表《あらわ》していますか。○をつけましょう。

（○）松井《まつい》さんの車《くるま》が、速度《そくど》を上《あ》げてなみ木道《きみち》を進《すす》む様子《ようす》。

（　）やなぎのえだが強《つよ》い風《かぜ》でゆれている様子《ようす》。

9頁

白《しろ》いぼうし (4)

名前

● 次《つぎ》の文章《ぶんしょう》を二回《にかいよ》読んで、答《こた》えましょう。

1

「お母《かあ》さんが、虫《むし》とりあみをかまえて、あの子《こ》がぼうしをそうっと開《あ》けたとき——。」と、㋐ハンドルを回《まわ》しながら、松井《まつい》さんは思《おも》います。

「あの子《こ》は、どんなに㋑目《め》を丸《まる》くしただろう。」

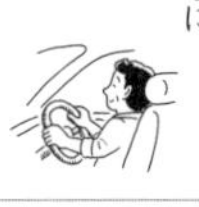

2

すると、ぽかっと口《くち》をO《オー》の字《じ》に開《あ》けている男《おとこ》の子《こ》の顔《かお》が、見《み》えてきます。

「おどろいただろうな。まほうのみかんと思《おも》うかな。なにしろ、ちょうが化《ば》けたんだから——。」

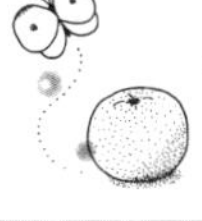

（令和二年度版　光村図書　国語四上　かがやき　あまん　きみこ）

1

(1) ㋐ハンドルを回《まわ》しながらとは、どんな意味《いみ》ですか。○をつけましょう。

（○）車《くるま》を運転《うんてん》しながら。

（　）車《くるま》のまどを開《あ》けながら。

(2) ㋑目《め》を丸《まる》くするとは、どんな様子《ようす》を表《あらわ》していますか。○をつけましょう。

（　）かなしんでいる様子《ようす》。

（○）おどろいている様子《ようす》。

2

(1) 松井《まつい》さんには、男《おとこ》の子《こ》のどんな様子《ようす》の顔《かお》が、見《み》えてきましたか。

（ぽかっと）口をOの字に開けている顔《かお》。

(2) 松井《まつい》さんは、男《おとこ》の子《こ》がなぜまほうのみかんと思《おも》うと考《かんが》えたのですか。

男《おとこ》の子《こ》は、ちょうがみかんに化《ば》けたと考《かんが》えると思《おも》ったから。

10頁

白《しろ》いぼうし (5)

名前

● 次《つぎ》の文章《ぶんしょう》を二回《にかいよ》読んで、答《こた》えましょう。

1

「ふふふっ。」

㋐ひとりでにわらいがこみ上《あ》げてきました。でも、次《つぎ》に、

「おや。」

㋑松井《まつい》さんはあわてました。バックミラーには、だれもうつっていません。ふり返《かえ》っても、だれもいません。

※バックミラー…自動車《じどうしゃ》の運転席《うんてんせき》から、後《うし》ろのほうを見《み》るためのかがみ。

2

「おかしいな。」

松井《まつい》さんは車《くるま》を止《と》めて、考《かんが》え考《かんが》え、まどの外《そと》を見《み》ました。

そこは、小《ち》さな団地《だんち》の前《まえ》の小《ち》さな野原《のはら》でした。

（令和二年度版　光村図書　国語四上　かがやき　あまん　きみこ）

1

(1) ㋐ひとりでにとは、どんな意味《いみ》ですか。一《ひと》つに○をつけましょう。

（　）ひとりぼっちで。

（○）しぜんに。

（　）むりをして。

(2) ㋑松井《まつい》さんはあわてたのは、どうしてですか。

後《うし》ろの客席《きゃくせき》にだれもいなかったから。

2

(1) 「おかしいな。」と言《い》ったのは、だれですか。

松井さん

(2) まどの外《そと》に見《み》えたのは、何《なん》でしたか。

小《ち》さな団地《だんち》の前《まえ》の小さな野原。

11頁

白《しろ》いぼうし (6)

名前

● 次《つぎ》の文章《ぶんしょう》を二回《にかいよ》読んで、答《こた》えましょう。

1

〔松井《まつい》さんがまどの外《そと》に見《み》たのは、小《ち》さな野原《のはら》でした。〕

白《しろ》いちょうが、二十《にじゅう》も三十《さんじゅう》も、いえ、もっとたくさん飛《と》んでいました。クローバーが青々《あおあお》と広《ひろ》がり、わた毛《げ》と黄色《きいろ》の花《はな》の交《ま》ざったたんぽぽが、点々《てんてん》のもようになってさいています。

2

その上《うえ》を、おどるように飛《と》んでいるちょうをぼんやり見《み》ているうち、松井《まつい》さんには、こんな声《こえ》が聞《き》こえてきました。

「よかったね。」

「よかったよ。」

「よかったね。」

「よかったよ。」

それは、シャボン玉《だま》のはじけるような、小《ち》さな小《ち》さな声《こえ》でした。

（令和二年度版　光村図書　国語四上　かがやき　あまん　きみこ）

1

(1) 小《ち》さな野原《のはら》には、何《なに》がたくさん飛《と》んでいましたか。

（白い）ちょう

(2) 何色《なにいろ》のたんぽぽが、点々《てんてん》のもようになっていますか。二《ふた》つに○をつけましょう。

（　）青色《あおいろ》　（○）白色《しろいろ》

（○）黄色《きいろ》　（　）赤色《あかいろ》

2

(1) ちょうは、どんなふうに飛《と》んでいますか。

おどるように飛《と》んでいる。

(2) 松井《まつい》さんに聞《き》こえてきたのは、どんな言葉《ことば》でしたか。文中《ぶんちゅう》から二《ふた》つ書《か》き出《だ》しましょう。

「よかったね。」

「よかったよ。」

12 頁

本《ほん》は友達《ともだち》

図《と》書《しょ》館《かん》の達《たつ》人《じん》になろう

名前

教科書《きょうかしょ》の「図《と》書《しょ》館《かん》の達《たつ》人《じん》になろう」を読《よ》んで、答《こた》えましょう。

● 次《つぎ》のせつめいに合《あ》う、図《と》書《しょ》館《かん》のくふうを□からえらんで、記号《きごう》で答《こた》えましょう。

① 図《と》書《しょ》館《かん》内《ない》の、どこに、どんな本《ほん》がおかれているかをしめしている地図《ちず》。 （ウ）

② 今《いま》、話題《わだい》になっている本《ほん》や、新《あたら》しく入《はい》った本《ほん》が、まとめておいてある場所《ばしょ》。 （エ）

③ さがしている本《ほん》が、その図《と》書《しょ》館《かん》にあるかどうかや、どのたなにあるかなどを調《しら》べることができる。 （イ）

④ 本《ほん》の背《せ》に はられているもの。その本《ほん》が、どのたなにおかれているかや、本《ほん》の作《さく》者《しゃ》の名前《なまえ》を、文字《もじ》や番号《ばんごう》でしめしている。 （ア）

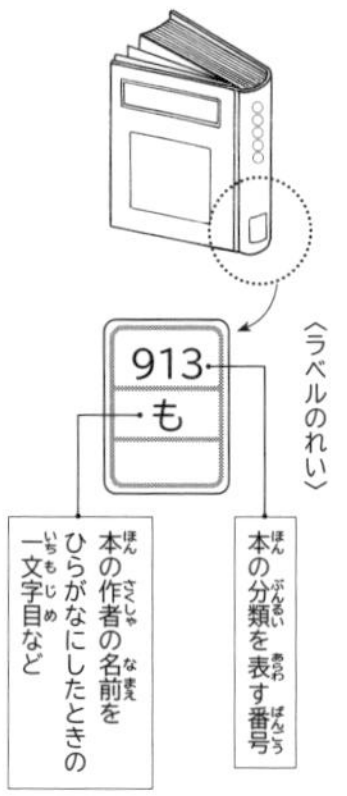
〈ラベルのれい〉
913
も
本《ほん》の分類《ぶんるい》を表《あらわ》す番号《ばんごう》
本《ほん》の作《さく》者《しゃ》の名前《なまえ》をひらがなにしたときの一文字目《いちもじめ》など

㋐ ラベル
㋑ けんさく用《よう》コンピュータ
㋒ あんない図《ず》
㋓ 本《ほん》をしょうかいするコーナー

13 頁

漢《かん》字《じ》の組《く》み立《た》て (1)

名前

★「へん」と「つくり」について、たしかめておきましょう。

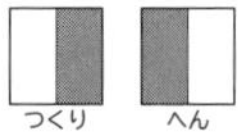
へん
つくり

へん　漢《かん》字《じ》の左側《ひだりがわ》にあり、おおまかな意味《いみ》を表《あらわ》す部分《ぶぶん》のこと。
「言」（ごんべん）の漢《かん》字《じ》…「語」「読」など（言葉《ことば》に関係《かんけい》がある）

つくり　漢《かん》字《じ》の右側《みぎがわ》にある部分《ぶぶん》で、おおまかな意味《いみ》を表《あらわ》すこともある。
「頁」（おおがい）の漢《かん》字《じ》…「頭」「顔」など（頭部《とうぶ》に関係《かんけい》がある）

● 次《つぎ》の部分《ぶぶん》をもつ漢《かん》字《じ》を□からえらんで、⊞に書《か》きましょう。

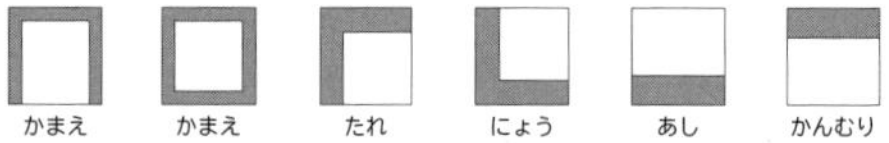

① かんむり　くさかんむり　花
② あし　こころ　感
③ にょう　しんにょう　通
④ たれ　まだれ　広
⑤ かまえ　くにがまえ　国
⑥ かまえ　もんがまえ　間

感・間・広・通・国・花

14 頁

漢《かん》字《じ》の組《く》み立《た》て (2)

名前

● 〈例《れい》〉のように、二《ふた》つのカードを組《く》み合《あ》わせて、一《ひと》つの漢《かん》字《じ》を作《つく》ります。

〈例《れい》〉 艹（くさかんむり）と 化 の組《く》み合《あ》わせ ⬇ 花

(1) ①～③のカードに合《あ》うカードを□からえらんで漢《かん》字《じ》を作《つく》り、⊞に書《か》きましょう。

① 宀　うかんむり　安
② 雨　あめかんむり　雪
③ 心　こころ　悪

亜・女・ヨ

(2) ①～③のカードに合《あ》うカードを□からえらんで漢《かん》字《じ》を作《つく》り、⊞に書《か》きましょう。

① 辶　しんにょう（しんにゅう）　道
② 广　まだれ　広
③ 囗　くにがまえ　図

ム・㐅・首

15 頁

漢《かん》字《じ》の組《く》み立《た》て (3)

名前

(1) （　）に合《あ》う言葉《ことば》を、□からえらんで書《か》きましょう。

① 艹 は、主《おも》に（植物）に関係《かんけい》のある漢《かん》字《じ》を作《つく》る。（花、草、菜など）
② 雨 は、主《おも》に（天気）に関係《かんけい》のある漢《かん》字《じ》を作《つく》る。（雲、雪など）
③ 灬 は、主《おも》に（火）に関係《かんけい》のある漢《かん》字《じ》を作《つく》る。（照、熱など）

植物《しょくぶつ》・火《ひ》・天気《てんき》

(2) 次《つぎ》の①～③の漢《かん》字《じ》と同《おな》じ部分《ぶぶん》をもつ漢《かん》字《じ》を、□からえらんで⊞に書《か》きましょう。また、その部分《ぶぶん》は、主《おも》にどんなことに関係《かんけい》がありますか。下《した》からえらんで――線《せん》でむすびましょう。

① 筆　箱 ―― 竹《たけ》
② 遠　通 ―― 道《みち》
③ 意　思 ―― 気持《きも》ちや考《かんが》え

思・通・箱

本書の解答は，あくまでもひとつの例です。児童に取り組ませる前に，必ず指導される方が問題を解いてください。指導される方の作られた解答をもとに，児童の多様な考えに寄り添って○つけをお願いします。

16頁

漢字《かんじ》の組《く》み立《た》て (4)

名前

(1) 次《つぎ》の①～③は、同《おな》じ部分《ぶぶん》をもつ二《ふた》つの漢字《かんじ》です。その同《おな》じ部分《ぶぶん》の名前《なまえ》を□からえらんで（　）に書《か》きましょう。

① 悪・感（こころ）

② 開・間（もんがまえ）

③ 花・薬（くさかんむり）

くさかんむり・こころ・もんがまえ

(2) 次《つぎ》の①～③の漢字《かんじ》と同《おな》じ部分《ぶぶん》をもつ漢字《かんじ》を、□からえらんで書《か》きましょう。また、その部分《ぶぶん》の名前《なまえ》を――線《せん》でむすびましょう。

① 園　国 ―― くにがまえ

② 熱　照 ―― れんが（れっか）

③ 近　週 ―― しんにょう（しんにゅう）

週・国・照

17頁

漢字辞典《かんじじてん》の使《つか》い方《かた》 (1)

名前

教科書《きょうかしょ》の「漢字辞典《かんじじてん》の使《つか》い方《かた》」を読《よ》んで、答《こた》えましょう。

(1) 次《つぎ》の①～③のようなときには、漢字辞典《かんじじてん》（漢和辞典《かんわじてん》）のどのさくいんを使《つか》って漢字《かんじ》をさがすとよいでしょうか。下《した》からえらんで――線《せん》でむすびましょう。

① 漢字《かんじ》の部首《ぶしゅ》を手《て》がかりにするとき。 ―― 部首《ぶしゅ》さくいん

② 漢字《かんじ》の音《おん》か訓《くん》の読《よ》み方《かた》が分《わ》かっているとき。 ―― 音訓《おんくん》さくいん

③ 漢字《かんじ》の読《よ》み方《かた》も部首《ぶしゅ》も分《わ》からないとき。 ―― 総画《そうかく》さくいん

(2) 漢字辞典《かんじじてん》（漢和辞典《かんわじてん》）で「薬」という字《じ》をさがします。次《つぎ》の①～③は、どの引《ひ》き方《かた》をしたものですか。□からえらんで記号《きごう》で答《こた》えましょう。

① 「薬」の総画数《そうかくすう》を数《かぞ》えて、その画数《かくすう》のところから調《しら》べる。　ウ

② 「艹」の画数《かくすう》を調《しら》べてから、「艹」がのっているページを見《み》つけ、その中《なか》からさがす。　イ

③ 音読《おんよ》みの「ヤク」か、訓読《くんよ》みの「くすり」で調《しら》べる。　ア

㋐ 音訓引《おんくんび》き　㋑ 部首引《ぶしゅび》き　㋒ 総画引《そうかくび》き

18頁

漢字辞典《かんじじてん》の使《つか》い方《かた》 (2)

名前

● 「音訓《おんくん》さくいん」で漢字《かんじ》をさがします。次《つぎ》の場合《ばあい》の漢字《かんじ》の読《よ》みがなを（　）に書《か》きましょう。また、先《さき》にさくいんに出《で》てくるほうの記号《きごう》を□に書《か》きましょう。

① 訓読《くんよ》みの読《よ》みがなをひらがなで書《か》きましょう。

㋐ 水（みず）　㋑ 店（みせ）　（先《さき》に出《で》てくるほう）㋐

② 訓読《くんよ》みの読《よ》みがなをひらがなで書《か》きましょう。

㋐ 古い（ふる）い　㋑ 深い（ふか）い　（先《さき》に出《で》てくるほう）㋑

③ 音読《おんよ》みの読《よ》みがなをカタカナで書《か》きましょう。

㋐ 活（カツ）　㋑ 館（カン）　（先《さき》に出《で》てくるほう）㋐

④ 音読《おんよ》みの読《よ》みがなをカタカナで書《か》きましょう。

㋐ 級（キュウ）　㋑ 客（キャク）　（先《さき》に出《で》てくるほう）㋑

19頁

漢字辞典《かんじじてん》の使《つか》い方《かた》 (3)

名前

(1) 「部首《ぶしゅ》さくいん」で漢字《かんじ》をさがします。〈例《れい》〉のように、次《つぎ》の漢字《かんじ》の部首《ぶしゅ》を□に、その画数《かくすう》を漢数字《かんすうじ》で（　）に書《か》きましょう。

〈例《れい》〉 海　氵（三）画《かく》

① 休　亻（二）画《かく》

② 校　木（四）画《かく》

③ 近　辶（三）画《かく》

④ 筆　⺮（六）画《かく》

(2) 次《つぎ》の漢字《かんじ》の部首名《ぶしゅめい》を□からえらんで書《か》きましょう。

① 動　ちから

② 庭　まだれ

③ 級　いとへん

④ 等　たけかんむり

いとへん・まだれ・ちから・たけかんむり

20頁

漢字辞典《かんじじてん》の使《つか》い方《かた》 (4)

名前

(1) 「総画《そうかく》さくいん」で漢字《かんじ》をさがします。次《つぎ》の漢字《かんじ》の総画数《そうかくすう》を、漢数字《かんすうじ》で書《か》きましょう。

① 世（五）画《かく》
② 区（四）画《かく》
③ 切（四）画《かく》
④ 写（五）画《かく》
⑤ 近（七）画《かく》
⑥ 発（九）画《かく》

(2) 次《つぎ》の漢字《かんじ》の総画数《そうかくすう》は何画《なんかく》でしょう。正《ただ》しいほうを○でかこみましょう。

① 子（二画《にかく》・(三画《さんかく》)）
② 引（(四画《よんかく》)・五画《ごかく》）
③ 池（(六画《ろっかく》)・七画《しちかく》）
④ 部（十画《じっかく》・(十一画《じゅういっかく》)）
⑤ 起（(十画《じっかく》)・十一画《じゅういっかく》）
⑥ 遊（十一画《じゅういっかく》・(十二画《じゅうにかく》)）

20

21頁

きせつの言葉《ことば》1 春《はる》の楽《たの》しみ (1)

名前

(1) 次《つぎ》の文章《ぶんしょう》は、春《はる》の行事《ぎょうじ》についてせつめいしたものです。（　）にあてはまる言葉《ことば》を□からえらんで書《か》きましょう。

① 三月三日《さんがつみっか》のひな祭《まつ》りには、（ひな人形）をかざり、（ひしもち）や、ももの花《はな》などをそなえます。

② さくらの花《はな》がさくころになると、多《おお》くの人《ひと》が（お花見）をして、花《はな》がさきそろうと（花ざかり）を楽《たの》しみます。

③ 五月五日《ごがついつか》のこどもの日《ひ》には、（こいのぼり）を立《た》てたり、（かしわもち）やちまきを食《た》べたりします。

・かしわもち　・お花見《はなみ》　・ひしもち
・花《はな》ざかり　・ひな人形《にんぎょう》　・こいのぼり

(2) 次《つぎ》の言葉《ことば》の中《なか》で、春《はる》にかんけいする言葉《ことば》を三《みっ》つえらんで、○をつけましょう。

（○）花見《はなみ》だんご　（　）かがみもち
（　）月見《つきみ》だんご　（○）さくらもち
（○）新茶《しんちゃ》　（　）豆《まめ》まき

21

22頁

きせつの言葉《ことば》1 春《はる》の楽《たの》しみ (2)

名前

(1) 次《つぎ》の文章《ぶんしょう》は、「花《はな》いかだ」「茶《ちゃ》つみ」の言葉《ことば》をせつめいしたものです。（　）にあてはまる言葉《ことば》を□からえらんで書《か》きましょう。

① 花《はな》いかだ

さくらの（花びら）が、川《かわ》の（水面）にたまって流《なが》れているのを「いかだ」に見立《みた》てた言葉《ことば》。

※いかだ…ふねのようなもの。木《き》や竹《たけ》を何本《なんぼん》もむすび合《あ》わせて水《みず》にうかぶようにしたもの。

水面《すいめん》・花《はな》びら

② 茶《ちゃ》つみ

お茶《ちゃ》の木《き》の新芽《しんめ》をつむこと。その年《とし》の新芽《しんめ》をつんで作《つく》ったお茶《ちゃ》を（新茶）という。立春《りっしゅん》（二月四日《にがつよっか》ごろ）から数《かぞ》えて八十八日目《はちじゅうはちにちめ》のことを（八十八夜）といい、このころが茶《ちゃ》つみの時期《じき》とされている。

新茶《しんちゃ》・八十八夜《はちじゅうはちや》

(2) 次《つぎ》の俳句《はいく》について答《こた》えましょう。

雛壇《ひなだん》や／襖《ふすま》はらひて（い）／はるかより
水原《みずはら》　秋櫻子《しゅうおうし》

（令和二年度版　光村図書　国語四上　かがやき　「春の楽しみ」による）

① 五《ご》・七《しち》・五《ご》のリズムで読《よ》めるように、上《うえ》の俳句《はいく》を／線《せん》で区切《くぎ》りましょう。

② 季語《きご》（きせつの言葉《ことば》）を見《み》つけて、ひらがな四文字《よんもじ》で書《か》きましょう。

ひなだん

22

23頁

聞《き》き取《と》りメモのくふう

名前

教科書《きょうかしょ》の「聞《き》き取《と》りメモのくふう」を読《よ》んで、答《こた》えましょう。

● けいじ係《がかり》の活動《かつどう》のせつめいと、おねがいを聞《き》いて、竹中《たけなか》さんと北山《きたやま》さんは、次《つぎ》のようなメモを取《と》りました。メモを読《よ》んで、問題《もんだい》に答《こた》えましょう。

■竹中《たけなか》さんのメモ

けいじ係《がかり》
活―楽《たの》しいけいじ物《ぶつ》
　　作《つく》ってはる
　　来《らい》しゅう
　　すきなスポーツ
ね―あさってまで
　　たかはしさん
　　スポーツ①

■北山《きたやま》さんのメモ

〈活動《かつどう》〉
・楽《たの》しんでもらえるけいじ物《ぶつ》を作《つく》る。
・来週《らいしゅう》はスポーツをまとめてけいじ。
〈おねがい〉
（あさってまで）に
たかはしさんに
好《す》きなスポーツ　一《ひと》つ

（令和二年度版　光村図書　国語四上　かがやき　「聞き取りメモのくふう」による）

(1) 竹中《たけなか》さんと北山《きたやま》さんの、それぞれのメモのくふうを□から二《ふた》つずつえらんで、記号《きごう》で答《こた》えましょう。

竹中《たけなか》さん　(イ)　(ウ)
北山《きたやま》さん　(ア)　(エ)

㋐ 見出《みだ》しを一言《ひとこと》で書《か》いている。
㋑ 線《せん》や、○印《じるし》などの記号《きごう》を使《つか》っている。
㋒ 漢字《かんじ》にこだわらずに、平《ひら》がなで書《か》いている。
㋓ 「活動《かつどう》」をかじょう書《が》きで書《か》いている。

(2) 北山《きたやま》さんは、後《あと》でたしかめたいことを○でかこんで、印《しるし》をつけています。後《あと》でたしかめたいことをメモから書《か》き出《だ》しましょう。

［あさってまで］

23

解答例

本書の解答は，あくまでもひとつの例です。児童に取り組ませる前に，必ず指導される方が問題を解いてください。指導される方の作られた解答をもとに，児童の多様な考えに寄り添って○つけをお願いします。

24頁

話《はな》し方《かた》や聞《き》き方《かた》から伝《つた》わること

名前

(1) 次《つぎ》の㋐、㋑の場面《ばめん》で、みさきさんの話《はな》し方《かた》がちがうために、こうたさんの受《う》け止《と》め方《かた》がちがっています。みさきさんが①、②の言《い》い方《かた》をしたのは、どちらの場面《ばめん》ですか。記号《きごう》で答《こた》えましょう。

① にこにこして、やさしく言《い》った。 ［ ㋑ ］の場面《ばめん》

② おこったように、きつく言《い》った。 ［ ㋐ ］の場面《ばめん》

(2) 次《つぎ》の㋐、㋑の場面《ばめん》で、けんじさんの返事《へんじ》のしかたがちがいます。もえさんが、①、②のように感《かん》じるのは、どちらの場面《ばめん》ですか。記号《きごう》で答《こた》えましょう。

① きちんと話《はなし》をきいてもらえているように感《かん》じる。 ［ ㋐ ］の場面《ばめん》

② しんけんに話《はなし》をきいてもらえていないように感《かん》じる。 ［ ㋑ ］の場面《ばめん》

25頁

思《おも》いやりのデザイン (1)

名前

● 次《つぎ》の文章《ぶんしょう》を二回《にかい》読《よ》んで、答《こた》えましょう。

1

学校《がっこう》の中《なか》に、トイレやひじょう口《ぐち》の場所《ばしょ》を知《し》らせる絵文字《えもじ》、校内《こうない》の案内図《あんないず》、手《て》のあらい方《かた》の説明図《せつめいず》などがあるでしょう。

㋐それらのように、伝《つた》えたいことを、絵《え》や図《ず》、文字《もじ》を組《く》み合《あ》わせて見《み》える形《かたち》にしたものを、インフォグラフィックスといいます。

2

これは、インフォメーション（伝《つた》えたいこと）と、グラフィックス（形《かたち》にすること）を合《あ》わせた言葉《ことば》で、デザインの一《ひと》つです。

（令和二年度版　光村図書　国語四上　かがやき　木村《きむら》　博之《ひろゆき》）

1

(1) ㋐それらにあてはまるもの三《みっ》つに○をつけましょう。

（　）学校《がっこう》の建物《たてもの》。

（○）トイレなどの場所《ばしょ》を知《し》らせる絵文字《えもじ》。

（○）校内《こうない》の案内図《あんないず》。

（○）手《て》のあらい方《かた》の説明図《せつめいず》。

(2) インフォグラフィックスとは、どのようなものですか。

伝《つた》えたいことを、［絵］や［図］、［文字］を組《く》み合《あ》わせて［見える形］にしたもの。

2

インフォグラフィックスとは、どんな言葉《ことば》を合《あ》わせた言葉《ことば》ですか。カタカナで二《ふた》つ書《か》きましょう。

［インフォメーション］

［グラフィックス］

26頁

思《おも》いやりのデザイン (2)

名前

● 教科書《きょうかしょ》の「思《おも》いやりのデザイン」の全文《ぜんぶん》を読《よ》んだ後《あと》、次《つぎ》の文章《ぶんしょう》を二回《にかい》読《よ》んで、答《こた》えましょう。

1

（絵《え》や図《ず》を使《つか》っていても、必《かなら》ず分《わ》かりやすくなるとはかぎりません。二《ふた》つの、街《まち》の案内図《あんないず》の例《れい》を対比《たいひ》してちがいをみてみると、地図《ちず》の分《わ》かりやすさは見《み》る人《ひと》の目的《もくてき》によるということが分《わ》かりました。）

このように、インフォグラフィックスを作《つく》るときには、相手《あいて》の目的《もくてき》に合《あ》わせて、どう見《み》えると分《わ》かりやすいのかを考《かんが》えながらデザインすることが大切《たいせつ》です。

2

つまり、インフォグラフィックスは、見《み》る人《ひと》の立場《たちば》に立《た》って作《つく》る、思《おも》いやりのデザインなのです。

（令和二年度版　光村図書　国語四上　かがやき　木村《きむら》　博之《ひろゆき》）

1

インフォグラフィックスを作《つく》るときに大切《たいせつ》なのは、どうすることだと筆者《ひっしゃ》はいっていますか。

相手《あいて》の［目的］に合《あ》わせて、［どう見えると分かりやすいのか］を考《かんが》えながら［デザイン］すること。

2

(1) インフォグラフィックスは、どんな人《ひと》の立場《たちば》に立《た》って作《つく》ったものですか。

［見る人（の立場）］

(2) 筆者《ひっしゃ》は、インフォグラフィックスとは、どんなデザインだといっていますか。

［思いやり］のデザイン。

27頁

アップとルーズで伝《つた》える (1)

名前

教科書《きょうかしょ》の次《つぎ》の文章《ぶんしょう》を二回《にかい》読《よ》んで、答《こた》えましょう。

1

（テレビでサッカーの試合《しあい》を放送《ほうそう》して…）から
（…会場全体《かいじょうぜんたい》がうつし出《だ》されています。）まで

2

（両《りょう》チームの選手《せんしゅ》たちは、コート全体《ぜんたい》に広《ひろ》がって、…）から
（…身《み》に着《つ》けた人《ひと》たちでうまっています。）まで

1

(1) テレビで放送《ほうそう》しているものは、何《なん》ですか。

［サッカーの試合］

(2) ハーフタイムでテレビの画面《がめん》にうつし出《だ》されているのは、何《なん》ですか。

［会場全体］

2

テレビの画面《がめん》から、どんなことが分《わ》かりますか。二《ふた》つえらんで、○をつけましょう。

（○）コート全体《ぜんたい》に広《ひろ》がる両《りょう》チームの選手《せんしゅ》たち。

（　）コートの中央《ちゅうおう》に立《た》つ選手《せんしゅ》の顔《かお》の様子《ようす》。

（○）観客席全体《かんきゃくせきぜんたい》の様子《ようす》。

（　）観客席《かんきゃくせき》にすわっている、一人一人《ひとりひとり》の様子《ようす》。

28 頁

アップとルーズで伝《つた》える (2)

名前

教科書《きょうかしょ》の次《つぎ》の文章《ぶんしょう》を二回《にかい》読《よ》んで、答《こた》えましょう。

1

「会場全体《かいじょうぜんたい》が、静《しず》かに、…」から「…待《ま》ち受《う》けている感《かん》じが伝《つた》わります。」まで

2

「いよいよ後半《こうはん》が始《はじ》まります。…」から「…ボールをける方向《ほうこう》を見《み》ているようです。」まで

1 画面《がめん》にうつし出《だ》される会場全体《かいじょうぜんたい》の様子《ようす》から、どんな感《かん》じが伝《つた》わりますか。

会場全体《かいじょうぜんたい》が、**静か**に、**こうふん**をおさえて、**開始**を待《ま》ち受《う》けている感《かん》じ。

2

(1) いよいよ後半《こうはん》が始《はじ》まり、画面《がめん》がうつし出《だ》したものは何《なん》ですか。

コートの中央に立つ選手

(2) 画面《がめん》から、選手《せんしゅ》のどんな様子《ようす》が分《わ》かりますか。

顔を上《あ》げて、ボールを**ける方向**を見《み》ている様子《ようす》。

29 頁

アップとルーズで伝《つた》える (3)

名前

教科書《きょうかしょ》の次《つぎ》の文章《ぶんしょう》を二回《にかい》読《よ》んで、答《こた》えましょう。

1

「初《はじ》めの画面《がめん》のように、…」から「…とり方《かた》を「アップ」といいます。」まで

2

「何《なに》かを伝《つた》えるときには、…」から「…アップとルーズでは、どんなちがいがあるのでしょう。」まで

1

(1) 「ルーズ」とは、どんなとり方《かた》ですか。文中《ぶんちゅう》の言葉《ことば》で答《こた》えましょう。

広いはんいをうつすとり方

(2) 「アップ」とは、どんなとり方《かた》ですか。文中《ぶんちゅう》の言葉《ことば》で答《こた》えましょう。

ある部分を大きくうつすとり方

2 何《なに》かを伝《つた》えるときには、どんなことが大切《たいせつ》だと筆者《ひっしゃ》はいっていますか。

アップとルーズを**選んだり、組み合わせたり**すること。

30 頁

アップとルーズで伝《つた》える (4)

名前

教科書《きょうかしょ》の次《つぎ》の文章《ぶんしょう》を二回《にかい》読《よ》んで、答《こた》えましょう。

「このように、アップとルーズには、それぞれ…」から「…アップとルーズを切《き》りかえながら放送《ほうそう》をしています。」まで

(1) アップとルーズには、それぞれどんなことがあるといっていますか。二《ふた》つ書《か》きましょう。

伝えられること

伝えられないこと

(2) テレビでは、どんなくふうをして放送《ほうそう》していますか。

何台《なんだい》ものカメラを用意《ようい》して**いろいろな**うつし方《かた》をし、**目的**におうじて**アップ**と**ルーズ**を切《き》りかえながら放送《ほうそう》している。

31 頁

カンジーはかせの都道府県《とどうふけん》の旅《たび》 (1)

(北海道《ほっかいどう》・東北地方《とうほくちほう》)

名前

● 次《つぎ》の①～⑦の文《ぶん》を読《よ》み、都道府県名《とどうふけんめい》を漢字《かんじ》で書《か》きましょう。

① 北海道では、じゃがいもが多《おお》く生産《せいさん》されています。

② りんごは、青森県の特産品《とくさんひん》の一《ひと》つです。

③ わんこそばは、岩手県の名物《めいぶつ》です。

④ 宮城県の七夕《たなばた》のお祭《まつ》りは、有名《ゆうめい》です。

⑤ なまはげは、秋田県の年《ねん》まつの風物詩《ふうぶつし》です。

⑥ 山形県では、さくらんぼの生産《せいさん》がさかんです。

⑦ 赤《あか》べこは、福島県の工芸品《こうげいひん》です。

① **北海道**《ほっかいどう》

② **青森県**《あおもりけん》

③ **岩手県**《いわてけん》

④ **宮城県**《みやぎけん》

⑤ **秋田県**《あきたけん》

⑥ **山形県**《やまがたけん》

⑦ **福島県**《ふくしまけん》

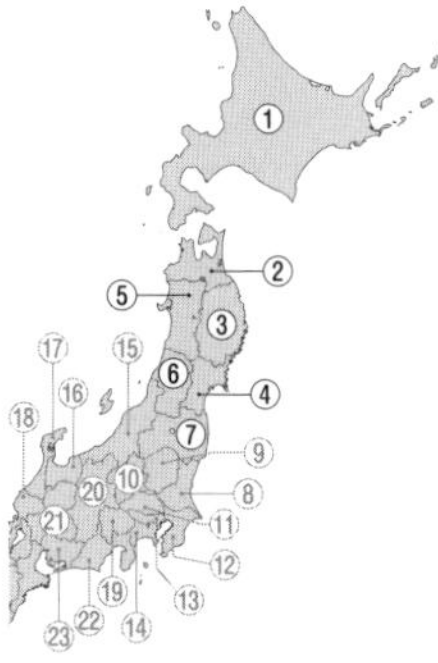
1
2
3
4
5
6
7
8
9
10
11
12
13
14
15
16
17
18
19
20
21
22
23

①～⑦は、北海道《ほっかいどう》と東北地方《とうほくちほう》にある都道府県《とどうふけん》じゃよ。場所《ばしょ》を上《うえ》の地図《ちず》で確《たし》かめよう。

本書の解答は，あくまでもひとつの例です。児童に取り組ませる前に，必ず指導される方が問題を解いてください。指導される方の作られた解答をもとに，児童の多様な考えに寄り添って○つけをお願いします。

32 頁

カンジーはかせの都道府県《とどうふけん》の旅《たび》 (2)
(関東地方《かんとうちほう》)

名 前

● 次《つぎ》の⑧〜⑭の文《ぶん》を読《よ》み、都道府県名《とどうふけんめい》を漢字《かんじ》で書《か》きましょう。

⑧ 茨城県は、メロンの産地《さんち》です。
⑨ 栃木県では、いちごの生産《せいさん》がさかんです。
⑩ こんにゃくは、群馬県の特産品《とくさんひん》です。
⑪ 埼玉県に、人形《にんぎょう》づくりで有名《ゆうめい》なちいきがあります。
⑫ 千葉県では、かぶが多《おお》く作《つく》られています。
⑬ 人口《じんこう》がいちばん多《おお》いのは、東京都です。
⑭ 神奈川県には、大《おお》きな港《みなと》があります。

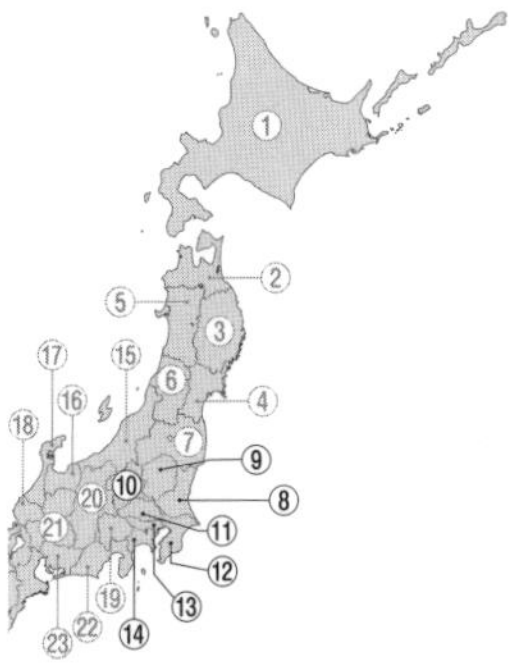

関東地方《かんとうちほう》にある都道府県《とどうふけん》じゃ。
⑧〜⑭の場所《ばしょ》を上《うえ》の地図《ちず》で
確《たし》かめよう。

茨《いばら》城《き》県《けん》　栃《とち》木《ぎ》県《けん》　群《ぐん》馬《ま》県《けん》　埼《さい》玉《たま》県《けん》　千《ち》葉《ば》県《けん》　東《とう》京《きょう》都《と》　神《か》奈《な》川《がわ》県《けん》

33 頁

カンジーはかせの都道府県《とどうふけん》の旅《たび》 (3)
(中部地方《ちゅうぶちほう》)

名 前

● 次《つぎ》の⑮〜㉓の文《ぶん》を読《よ》み、都道府県名《とどうふけんめい》を漢字《かんじ》で書《か》きましょう。

⑮ 新潟県は、米《こめ》どころの一《ひと》つです。
⑯ 富山県は、チューリップのさいばいがさかんです。
⑰ 金箔《きんぱく》は、石川県の特産品《とくさんひん》です。
⑱ 福井県で、きょうりゅうの化石《かせき》が多《おお》く見《み》つかっています。
⑲ 山梨県は、ぶどうの産地《さんち》です。
⑳ 長野県は、きのこの生産量《せいさんりょう》が多《おお》い県《けん》です。
㉑ 岐阜県では、うかいの見学《けんがく》ができます。
㉒ 静岡県のお茶《ちゃ》は、とても有名《ゆうめい》です。
㉓ 愛知県には、みそを使《つか》った料理《りょうり》が多《おお》くあります。

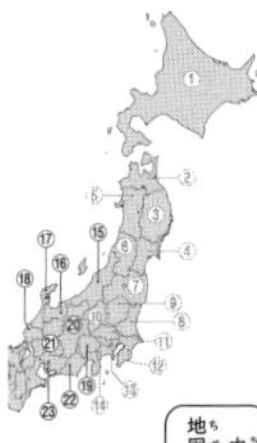

中部地方《ちゅうぶちほう》といわれる⑮〜㉓の場所《ばしょ》を、
地図《ちず》でも確《たし》かめておこう。

新《にい》潟《がた》県《けん》　富《と》山《やま》県《けん》　石《いし》川《かわ》県《けん》　福《ふく》井《い》県《けん》　山《やま》梨《なし》県《けん》　長《なが》野《の》県《けん》　岐《ぎ》阜《ふ》県《けん》　静《しず》岡《おか》県《けん》　愛《あい》知《ち》県《けん》

34 頁

カンジーはかせの都道府県《とどうふけん》の旅《たび》 (4)
(近畿地方《きんきちほう》)

名 前

● 次《つぎ》の㉔〜㉚の文《ぶん》を読《よ》み、都道府県名《とどうふけんめい》を漢字《かんじ》で書《か》きましょう。

㉔ 三重県では、伊勢《いせ》えびがたくさんとれます。
㉕ 滋賀県には、日本一大《にほんいちおお》きい湖《みずうみ》があります。
㉖ 京都府には、古《ふる》い町《まち》なみがのこっています。
㉗ たこやきは、大阪府の名物《めいぶつ》です。
㉘ 兵庫県には、国宝《こくほう》の姫路城《ひめじじょう》があります。
㉙ 奈良県の大仏《だいぶつ》とシカは有名《ゆうめい》です。
㉚ うめぼしは、和歌山県の特産品《とくさんひん》です。

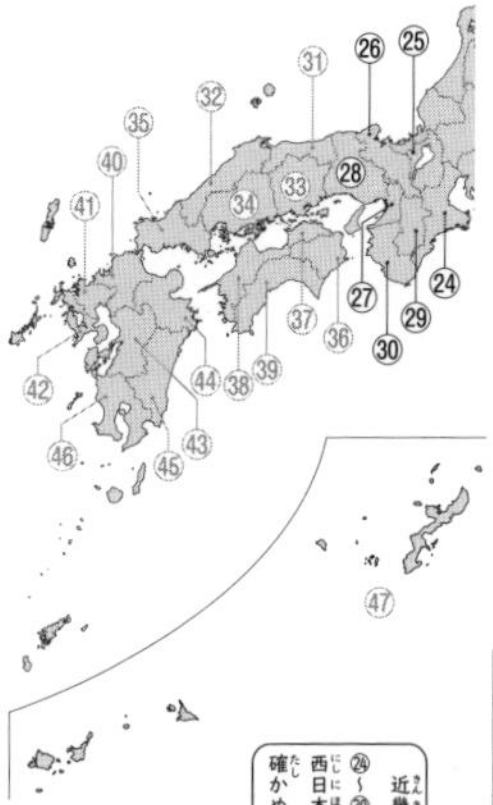

近畿地方《きんきちほう》じゃな。
㉔〜㉚の場所《ばしょ》を、
西日本《にしにほん》の地図《ちず》で
確《たし》かめよう。

三《み》重《え》県《けん》　滋《し》賀《が》県《けん》　京《きょう》都《と》府《ふ》　大《おお》阪《さか》府《ふ》　兵《ひょう》庫《ご》県《けん》　奈《な》良《ら》県《けん》　和《わ》歌《か》山《やま》県《けん》

35 頁

カンジーはかせの都道府県《とどうふけん》の旅《たび》 (5)
(中国《ちゅうごく》・四国地方《しこくちほう》)

名 前

● 次《つぎ》の㉛〜㊴の文《ぶん》を読《よ》み、都道府県名《とどうふけんめい》を漢字《かんじ》で書《か》きましょう。

㉛ 鳥取県には、さきゅうがあります。
㉜ 島根県に、しじみがよくとれる湖《みずうみ》があります。
㉝ 岡山県は、マスカットの産地《さんち》です。
㉞ 広島県は、かきのようしょくがさかんです。
㉟ ふぐ料理《りょうり》は、山口県の名物《めいぶつ》の一《ひと》つです。
㊱ 徳島県で、阿波《あわ》おどりが始《はじ》まりました。
㊲ 香川県は、うどんで有名《ゆうめい》です。
㊳ たいめしは、愛媛県のきょうど料理《りょうり》です。
㊴ 高知県では、かつおのたたきが名物《めいぶつ》です。

㉛〜㉟が中国地方《ちゅうごくちほう》で、
㊱〜㊴が四国地方《しこくちほう》じゃな。
地図《ちず》で場所《ばしょ》を確《たし》かめよう。

鳥《とっ》取《とり》県《けん》　島《しま》根《ね》県《けん》　岡《おか》山《やま》県《けん》　広《ひろ》島《しま》県《けん》　山《やま》口《ぐち》県《けん》　徳《とく》島《しま》県《けん》　香《か》川《がわ》県《けん》　愛《え》媛《ひめ》県《けん》　高《こう》知《ち》県《けん》

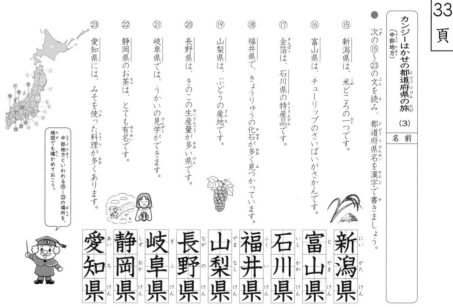

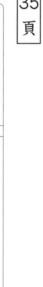

36頁

カンジーはかせの都道府県《とどうふけん》の旅《たび》 (6)
（九州《きゅうしゅう》・沖縄地方《おきなわちほう》）

名前

● 次《つぎ》の㊵～㊼の文《ぶん》を読《よ》み、都道府県名《とどうふけんめい》を漢字《かんじ》で書《か》きましょう。

㊵ 福岡県のとんこつラーメンは有名《ゆうめい》です。

㊶ 有田焼《ありたやき》は、佐賀県の工芸品《こうげいひん》です。

㊷ 長崎県では、ちゃんぽんが名物《めいぶつ》です。

㊸ 熊本県では、トマトの生産《せいさん》がさかんです。

㊹ 大分県では、温泉《おんせん》が多《おお》くわき出《で》ています。

㊺ チキン南蛮《なんばん》は、宮崎県で生《う》まれた料理《りょうり》です。

㊻ 鹿児島県の桜島《さくらじま》は、活火山《かっかざん》です。

㊼ 沖縄県の海《うみ》では、サンゴが見《み》られます。

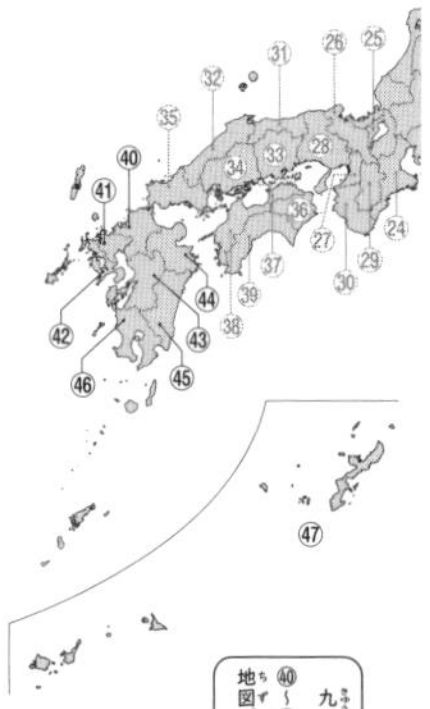

福岡県《ふくおかけん》　佐賀県《さがけん》　長崎県《ながさきけん》　熊本県《くまもとけん》　大分県《おおいたけん》　宮崎県《みやざきけん》　鹿児島県《かごしまけん》　沖縄県《おきなわけん》

37頁

お礼《れい》の気持《きも》ちを伝《つた》えよう (1)

名前

● 次《つぎ》の手紙《てがみ》の文章《ぶんしょう》を二回《にかい》読《よ》んで、答《こた》えましょう。

①
緑《みどり》がまぶしい季節《きせつ》となりました。森山《もりやま》さんはお元気《げんき》ですか。
先週《せんしゅう》、さくら祭《まつ》りについて教《おし》えていただいた、長山小学校《ながやましょうがっこう》四年《よねん》一組《いちくみ》の原田《はらだ》あやのです。

②
この間《あいだ》は、お祭《まつ》りのれきしについて、くわしく教《おし》えてくださり、本当《ほんとう》にありがとうございました。昔《むかし》の写真《しゃしん》や、お祭《まつ》りで使《つか》われている道具《どうぐ》を見《み》せてくださったので、とてもよく分《わ》かりました。クラスで発表《はっぴょう》したら、みんなもおどろいていました。来年《らいねん》のお祭《まつ》りが、いつもより楽《たの》しみです。

③
これからもお体《からだ》に気《き》をつけて、ちいきのれきし研究《けんきゅう》をつづけてください。さようなら。

④
五月十五日《ごがつじゅうごにち》
原田《はらだ》あやの
森山幸二様《もりやまこうじさま》

（令和二年度版　光村図書　国語四上　かがやき　「お礼の気持ちを伝えよう」による）

(1) 上《うえ》の手紙《てがみ》の①～④は、手紙《てがみ》の型《かた》では、何《なん》という部分《ぶぶん》ですか。□から選《えら》んで、記号《きごう》で答《こた》えましょう。

① （イ）　② （ア）
③ （エ）　④ （ウ）

㋐ 本文《ほんぶん》	㋑ 初《はじ》めのあいさつ
㋒ 後《あと》づけ	㋓ むすびのあいさつ

(2) この手紙《てがみ》は、だれが、だれに書《か》いたものですか。名前《なまえ》を書《か》きましょう。

・だれが　〔原田あやの〕

・だれに　〔森山幸二〕

(3) 何《なに》を伝《つた》える手紙《てがみ》ですか。一《ひと》つに○をつけましょう。

（　）季節《きせつ》を知《し》らせる手紙《てがみ》。

（○）お祭《まつ》りのれきしを教《おし》えてもらったお礼《れい》の手紙《てがみ》。

（　）相手《あいて》の体《からだ》のぐあいをたずねる手紙《てがみ》。

38頁

お礼《れい》の気持《きも》ちを伝《つた》えよう (2)

名前

教科書《きょうかしょ》の「お礼《れい》の気持《きも》ちを伝《つた》えよう」を読《よ》んで、答《こた》えましょう。

(1) 手紙《てがみ》の型《かた》について、次《つぎ》の（　）にあてはまる言葉《ことば》を□から選《えら》んで、書《か》きましょう。

① 初《はじ》めのあいさつには、（季節）に関《かん》する言葉《ことば》や、相手《あいて》の様子《ようす》をたずねる言葉《ことば》、自分《じぶん》のしょうかいを書《か》く。

② 本文《ほんぶん》には、（伝えたい）ことを書《か》く。

③ むすびのあいさつには、別《わか》れのあいさつのほかに、相手《あいて》を（気づかう）言葉《ことば》を書《か》く。

④ 後《あと》づけに、（日づけ）、自分《じぶん》の名前《なまえ》、相手《あいて》の名前《なまえ》を書《か》く。

・日《ひ》づけ　・気《き》づかう　・伝《つた》えたい　・季節《きせつ》

(2) 教科書《きょうかしょ》の例《れい》をさんこうに、ふうとうの表《おもて》には送《おく》りたい相手《あいて》の住所《じゅうしょ》と名前《なまえ》、うらには自分《じぶん》の住所《じゅうしょ》と名前《なまえ》を書《か》きましょう。

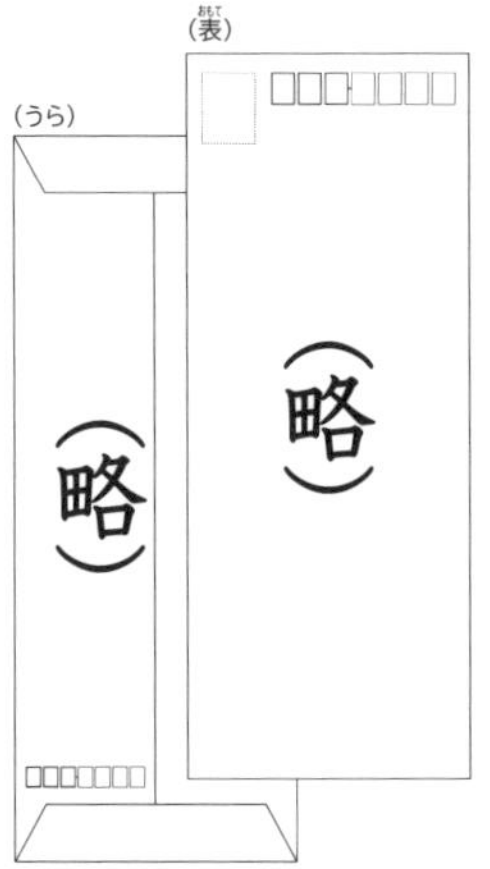

39頁

一《ひと》つの花《はな》 (1)

名前

● 教科書《きょうかしょ》の「一《ひと》つの花《はな》」の全文《ぜんぶん》を読《よ》んだ後《あと》、次《つぎ》の文章《ぶんしょう》を二回《にかい》読《よ》んで、答《こた》えましょう。

1

戦争《せんそう》がはげしかったころのことです。「一《ひと》つだけちょうだい。」という言葉《ことば》は、食《た》べ物《もの》をほしがるゆみ子《こ》が、はっきり覚《おぼ》えた最初《さいしょ》の言葉《ことば》でした。

それからまもなく、あまりじょうぶでない㋐ゆみ子《こ》のお父《とう》さんも、戦争《せんそう》に行《い》かなければならない日《ひ》がやって来《き》ました。

2

お父《とう》さんが戦争《せんそう》に行《い》く日《ひ》、ゆみ子《こ》は、お母《かあ》さんにおぶわれて、遠《とお》い汽車《きしゃ》の駅《えき》まで送《おく》っていきました。頭《あたま》には、お母《かあ》さんの作《つく》ってくれた、わた入《い》れの防空頭巾《ぼうくうずきん》をかぶっていきました。

※おぶわれて…おんぶされて。
※防空頭巾《ぼうくうずきん》…戦時中《せんじちゅう》に使《つか》われた、身《み》を守《まも》るためにかぶる、わた入《い》れの頭巾《ずきん》。

（令和二年度版　光村図書　国語四上　かがやき　今西《いまにし》　祐行《すけゆき》）

1 ㋐あまりじょうぶでないについて答《こた》えましょう。

① どのような意味《いみ》ですか。○をつけましょう。

（　）体《からだ》が小《ちい》さい。

（○）体《からだ》が弱《よわ》い。

② 「あまりじょうぶではない」のは、だれですか。

〔（ゆみ子の）お父さん〕

2 (1) ゆみ子《こ》がお母《かあ》さんにおんぶされて駅《えき》まで行《い》ったのは、どんな日《ひ》でしたか。

〔お父さんが戦争に行く日〕

(2) ゆみ子《こ》とお母《かあ》さんは、遠《とお》い駅《えき》まで何《なに》をしにいきましたか。

戦争《せんそう》に行《い》くお父《とう》さんを〔送って〕いった。

本書の解答は，あくまでもひとつの例です。児童に取り組ませる前に，必ず指導される方が問題を解いてください。指導される方の作られた解答をもとに，児童の多様な考えに寄り添って〇つけをお願いします。

40 頁

一《ひと》つの花《はな》 (2)

● 次《つぎ》の文章《ぶんしょう》を二回《にかい》読《よ》んで、答《こた》えましょう。

名前

1

お母《かあ》さんのかたにかかっているかばんには、包帯《ほうたい》、お薬《くすり》、配給《はいきゅう》のきっぷ、そして、大事《だいじ》なお米《こめ》で作《つく》ったおにぎりが入《はい》っていました。

※配給《はいきゅう》…物《もの》を一人《ひとり》一人《ひとり》にわり当《あ》てて配《くば》ること。戦争中《せんそうちゅう》は、きっぷなどがないと、食《た》べ物《もの》も手《て》に入《い》れられなかった。

2

ゆみ子《こ》は、おにぎりが入《はい》っているのをちゃあんと㋐知《し》っていましたので、

「一《ひと》つだけちょうだい、おじぎり、一《ひと》つだけちょうだい。」

と言《い》って、駅《えき》に着《つ》くまでにみんな食《た》べてしまいました。お母《かあ》さんは、戦争《せんそう》に行《い》くお父《とう》さんに、ゆみ子《こ》の泣《な》き顔《がお》を見《み》せたくなかったのでしょうか。

(令和二年度版 光村図書 国語四上 かがやき 今西 祐行)

1 お母《かあ》さんのかばんに入《はい》っていたもの四《よっ》つに〇をつけましょう。

(〇) 包帯《ほうたい》
(〇) お薬《くすり》
( ) 電車《でんしゃ》のきっぷ
(〇) 配給《はいきゅう》のきっぷ
( ) 配給《はいきゅう》のお米《こめ》
(〇) おにぎり

2

(1) ゆみ子《こ》がちゃあんと㋐知《し》っていたことは、どんなことでしたか。

お母《かあ》さんのかばんに［おにぎり］が入《はい》っていること。

(2) ゆみ子《こ》は何《なに》を「一《ひと》つだけちょうだい。」とほしがりましたか。

［おにぎり］

(3) 駅《えき》に着《つ》くまでにおにぎりをみんな食《た》べてしまったのは、だれですか。

［ゆみ子］

41 頁

一《ひと》つの花《はな》 (3)

● 次《つぎ》の文章《ぶんしょう》を二回《にかい》読《よ》んで、答《こた》えましょう。

名前

1

駅《えき》には、他《ほか》にも戦争《せんそう》に行《い》く人《ひと》があって、人《ひと》ごみの中《なか》から、ときどきばんざいの声《こえ》が起《お》こりました。また、別《べつ》の方《ほう》からは、たえず勇《いさ》ましい軍歌《ぐんか》が聞《き》こえてきました。

※人《ひと》ごみ…多《おお》くの人《ひと》でこみ合《あ》うこと。

2

ゆみ子《こ》とお母《かあ》さんの他《ほか》に見送《みおく》りのないお父《とう》さんは、プラットホームのはしの方《ほう》で、ゆみ子《こ》をだいて、そんなばんざいや軍歌《ぐんか》の声《こえ》に合《あ》わせて、小《ちい》さくばんざいをしていたり、歌《うた》を歌《うた》っていたりしていました。㋐、戦争《せんそう》になんか行《い》く人《ひと》ではないかのように。

(令和二年度版 光村図書 国語四上 かがやき 今西 祐行)

1

(1) 駅《えき》には、お父《とう》さんの他《ほか》にも何《なに》に行《い》く人《ひと》がいましたか。

［戦争(に行く人)］

(2) 人《ひと》ごみの中《なか》から聞《き》こえてきたもの二《ふた》つに〇をつけましょう。

(〇) ばんざいの声《こえ》。

( ) お別《わか》れを悲《かな》しむ泣《な》き声《ごえ》。

(〇) 勇《いさ》ましい軍歌《ぐんか》。

2

(1) お父《とう》さんは、どこにいますか。

プラットホームの［はしの方］。

(2) ゆみ子《こ》をだいている人《ひと》は、だれですか。

［お父さん］

(3) ㋐にあてはまる言葉《ことば》を一《ひと》つ選《えら》んで〇をつけましょう。

( ) ついに
( ) やっぱり
(〇) まるで

42 頁

一《ひと》つの花《はな》 (4)

● 次《つぎ》の文章《ぶんしょう》を二回《にかい》読《よ》んで、答《こた》えましょう。

名前

1

ところが、いよいよ汽車《きしゃ》が入《はい》ってくるというときになって、またゆみ子《こ》の「一《ひと》つだけちょうだい。」が始《はじ》まったのです。

「みんなおやりよ、母《かあ》さん。おにぎりを——。」

お父《とう》さんが言《い》いました。

2

「ええ、もう食《た》べちゃったんですの——。㋐ゆみちゃん、いいわねえ。お父《とう》ちゃん、兵隊《へいたい》ちゃんになるんだって。ばんざあいって——。」

お母《かあ》さんは、そう言《い》ってゆみ子《こ》をあやしましたが、ゆみ子《こ》は、とうとう泣《な》きだしてしまいました。

㋑「一《ひと》つだけ。一《ひと》つだけ。」

と言《い》って。

※あやす…小《ちい》さい子《こ》のきげんをとる。

(令和二年度版 光村図書 国語四上 かがやき 今西 祐行)

1 ゆみ子《こ》がまた「一《ひと》つだけちょうだい。」と言《い》い出《だ》したのは、どんなときでしたか。文中《ぶんちゅう》から書《か》き出《だ》しましょう。

［いよいよ汽車が入ってくるというとき。］

2

(1) ㋐ゆみちゃん、…ばんざあいって——。と言《い》っているときのお母《かあ》さんは、どんな気持《きも》ちだと考《かんが》えられますか。〇をつけましょう。

( ) お父《とう》さんが戦争《せんそう》に行《い》くことをゆみ子《こ》によろこんでほしい。

(〇) ゆみ子《こ》を泣《な》かさないようにして、明《あか》るくお父《とう》さんを見送《みおく》りたい。

(2) ㋑「一《ひと》つだけ。一《ひと》つだけ。」と、ゆみ子《こ》が一《ひと》つだけほしがっているものは、何《なん》ですか。1の文中《ぶんちゅう》から四文字《よんもじ》で答《こた》えましょう

［お］［に］［ぎ］［り］

43 頁

一《ひと》つの花《はな》 (5)

● 次《つぎ》の文章《ぶんしょう》を二回《にかい》読《よ》んで、答《こた》えましょう。

名前

1

お母《かあ》さんが、ゆみ子《こ》を一生《いっしょう》けんめいあやしているうちに、お父《とう》さんが、ぷいといなくなってしまいました。

2

お父《とう》さんは、プラットホームのはしっぽの、ごみすて場《ば》のような所《ところ》に、わすれられたようにさいていたコスモスの花《はな》を見《み》つけたのです。あわてて帰《かえ》ってきたお父《とう》さんの手《て》には、一輪《いちりん》のコスモスの花《はな》がありました。

(令和二年度版 光村図書 国語四上 かがやき 今西 祐行)

1

(1) お母《かあ》さんは、ゆみ子《こ》をどんな様子《ようす》であやしていましたか。

［一生けんめい］

(2) ぷいといなくなってしまったのは、だれですか。

［お父さん］

2

(1) お父《とう》さんがコスモスの花《はな》を見《み》つけたのは、どのようなところでしたか。文中《ぶんちゅう》から書《か》き出《だ》しましょう。

［プラットホームのはしっぽの、ごみすて場のような所］

(2) 帰《かえ》ってきたお父《とう》さんの手《て》にあったものは、何《なん》でしたか。

［一輪のコスモスの花］

44頁

一《ひと》つの花《はな》 (6)

名前

● 次《つぎ》の文章《ぶんしょう》を二回読《にかいよ》んで、答《こた》えましょう。

1

「ゆみ。さあ、一《ひと》つだけあげよう。一《ひと》つだけのお花《はな》、大事《だいじ》にするんだよう――。」

ゆみ子《こ》は、お父《とう》さんに花《はな》をもらうと、キャッキャッと足《あし》をばたつかせてよろこびました。

※ばたつかせる…ばたばたと動《うご》かす。

2

お父《とう》さんは、㋐それを見《み》てにっこりわらうと、何《なに》も言《い》わずに、汽車《きしゃ》に乗《の》って行《い》ってしまいました。ゆみ子《こ》のにぎっている、一《ひと》つの花《はな》を見《み》つめながら――。

（令和二年度版　光村図書　国語四上　かがやき　今西《いまにし》　祐行《すけゆき》）

1

(1) お父《とう》さんは、ゆみ子《こ》に何《なん》と言《い》ってお花《はな》をあげましたか。

「**一つだけ** のお花《はな》、**大事** にするんだよう――。」

(2) 花《はな》をもらったゆみ子《こ》がよろこんだ様子《ようす》は、どんな様子《ようす》でしたか。

キャッキャッ と **足** をばたつかせてよろこんだ。

2

(1) ㋐それとは、何《なに》を表《あらわ》していますか。○をつけましょう。

（　）ゆみ子《こ》がにぎっている花《はな》。

（○）ゆみ子《こ》がよろこぶ様子《ようす》。

(2) ㋐それを見《み》て、にっこりわらったのは、だれでしたか。

［ **お父さん** ］

45頁

つなぎ言葉《ことば》のはたらきを知《し》ろう (1)

名前

(1) 次《つぎ》の文《ぶん》に合《あ》うつなぎ言葉《ことば》を、あとの□から選《えら》んで書《か》きましょう。

① 雨《あめ》がふりそうです。**だから**、かさを持《も》っていきます。

② 雨《あめ》がふりそうです。**しかし**、かさを持《も》っていきません。

しかし ・ だから

(2) 次《つぎ》の文《ぶん》に合《あ》うつなぎ言葉《ことば》をえらんで、○でかこみましょう。

① 兄《あに》の部屋《へや》に行《い》きました。{だから・**(しかし)**}、兄《あに》はいませんでした。

② ぼくは水泳《すいえい》がすきです。{**(それで)**・でも}、よくプールに行《い》きます。

③ 朝食《ちょうしょく》は、ごはんにしますか。{それでも・**(それとも)**}、パンにしますか。

④ 姉《あね》は歌《うた》がうまい。{**(しかも)**・けれども}、ダンスもうまい。

46頁

つなぎ言葉《ことば》のはたらきを知《し》ろう (2)

名前

(1) 次《つぎ》の文《ぶん》のつなぎ言葉《ことば》と同《おな》じはたらきをするものを下《した》から選《えら》んで、――線《せん》でむすびましょう。

① わたしは動物《どうぶつ》が好《す》きです。だから、動物園《どうぶつえん》によく行《い》きます。

② 妹《いもうと》が泣《な》いた。でも、おやつをもらうとすぐにわらった。

③ 夏休《なつやす》みには海《うみ》に泳《およ》ぎに行《い》った。また、山登《やまのぼ》りにも行《い》った。

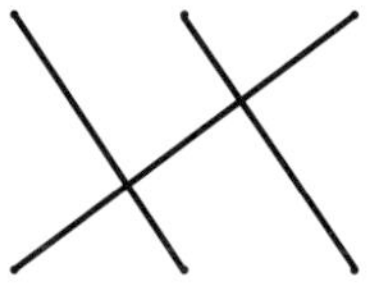

しかし

しかも

それで

(2) 次《つぎ》の文《ぶん》のつなぎ言葉《ことば》と同《おな》じはたらきをするものを、あとの□から選《えら》んで（　）に書《か》きましょう。

① 風《かぜ》が強《つよ》い。それに、雨《あめ》がふりだした。（**そして**）

② 日曜《にちよう》は、公園《こうえん》に行《い》こうか。それとも、プールに行《い》こうか。（**または**）

③ この話《はなし》は、これで終《お》わりです。では、明日《あす》の遠足《えんそく》の話《はなし》をします。（**さて**）

または ・ さて ・ そして

47頁

つなぎ言葉《ことば》のはたらきを知《し》ろう (3)

名前

(1) 次《つぎ》の文《ぶん》に合《あ》うつなぎ言葉《ことば》を、あとの□から選《えら》んで書《か》きましょう。

① ぼくはかぜをひいた。**だから**、学校《がっこう》を休《やす》んだ。

② ぼくはかぜをひいた。**でも**、学校《がっこう》を休《やす》まなかった。

③ ぼくはかぜをひいた。**しかも**、弟《おとうと》にもかぜがうつった。

でも ・ しかも ・ だから

(2) 次《つぎ》の文《ぶん》に合《あ》うつなぎ言葉《ことば》を、あとの□から選《えら》んで書《か》きましょう。

① みくさんはピアノがとく意《い》だ。**そのうえ**、運動《うんどう》もできる。

② 飲《の》み物《もの》は、お茶《ちゃ》にしますか。**それとも**、ジュースにしますか。

③ 足《あし》がいたかった。**それでも**、わたしは走《はし》りつづけた。

それとも ・ そのうえ ・ それでも

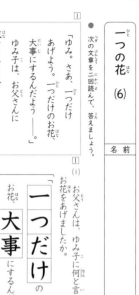

本書の解答は，あくまでもひとつの例です。児童に取り組ませる前に，必ず指導される方が問題を解いてください。指導される方の作られた解答をもとに，児童の多様な考えに寄り添って○つけをお願いします。

48頁

つなぎ言葉《ことば》のはたらきを知《し》ろう (4)

名前

(1) 次《つぎ》の㋐と㋑の文《ぶん》が同《おな》じ意味《いみ》になるように、文《ぶん》に合《あ》うつなぎ言葉《ことば》を□から選《えら》んで書《か》きましょう。

① ㋐ 雨《あめ》がふったので、遠足《えんそく》は中止《ちゅうし》になった。
㋑ 雨《あめ》がふった。**だから**、遠足《えんそく》は中止《ちゅうし》になった。

② ㋐ 姉《あね》は、字《じ》を書《か》くのが上手《じょうず》だし、絵《え》も上手《じょうず》です。
㋑ 姉《あね》は、字《じ》を書《か》くのが上手《じょうず》です。**しかも**、絵《え》も上手《じょうず》です。

③ ㋐ お店《みせ》に買《か》い物《もの》に行《い》ったが、休《やす》みだった。
㋑ お店《みせ》に買《か》い物《もの》に行《い》った。**でも**、休《やす》みだった。

でも ・ しかも ・ だから

(2) 次《つぎ》の二《ふた》つの文《ぶん》の――線《せん》のつなぎ言葉《ことば》は、話《はな》し手《て》のどんな気持《きも》ちを表《あらわ》していますか。□から選《えら》んで、記号《きごう》で答《こた》えましょう。

① 試合《しあい》の前《まえ》に、必死《ひっし》で練習《れんしゅう》した。だから、二位《にい》だった。 **㋑**

② 試合《しあい》の前《まえ》に、必死《ひっし》で練習《れんしゅう》した。しかし、二位《にい》だった。 **㋐**

㋐ 二位《にい》になってくやしい。
㋑ 二位《にい》になれてうれしい。

49頁

短歌《たんか》・俳句《はいく》に親《した》しもう (一) 短歌《たんか》 (1)

名前

短歌《たんか》は、五《ご》・七《しち》・五《ご》・七《しち》・七《しち》の三十一音《さんじゅういちおん》で作《つく》られた短《みじか》い詩《し》です。

（れい） 見渡《みわた》せば柳桜《やなぎさくら》をこきまぜて都《みやこ》ぞ春《はる》の錦《にしき》なりける （素性法師《そせいほうし》）

音数《おんすう》が五音《ごおん》や七音《しちおん》より多《おお》い短歌《たんか》もあります。声《こえ》に出《だ》して調子《ちょうし》をたしかめましょう。

● 次《つぎ》の短歌《たんか》とその意味《いみ》を二回《にかい》読《よ》んで、答《こた》えましょう。

石走《いわばし》る垂水《たるみ》の上《うえ》のさわらびの
萌《も》え出《い》づる春《はる》になりにけるかも
志貴皇子《しきのみこ》

（意味《いみ》）

岩《いわ》の上《うえ》のいきおいよく流《なが》れるたきのそばの、わらびが芽《め》を出《だ》す春《はる》になったのだなあ。

※垂水《たるみ》…がけを落《お》ちる水《みず》の流《なが》れ。たき。
※萌《も》え出《い》づる…（植物《しょくぶつ》が）芽《め》を出《だ》す。

（令和二年度版　光村図書　国語四上　かがやき　「短歌・俳句に親しもう（一）」による）

(1) 上《うえ》の短歌《たんか》を、言葉《ことば》の調子《ちょうし》のいいところで五《いつ》つの部分《ぶぶん》に分《わ》けて、ひらがなで書《か》きましょう。

いわばしる
たるみのうえの
さわらびの
もえいづるはるに
なりにけるかも

(2) 何《なん》という植物《しょくぶつ》を見《み》て、春《はる》を強《つよ》く感《かん》じていますか。（意味《いみ》）の文章《ぶんしょう》から三文字《さんもじ》で書《か》き出《だ》しましょう。

わらび

50頁

短歌《たんか》・俳句《はいく》に親《した》しもう (一) 短歌《たんか》 (2)

名前

● 次《つぎ》の短歌《たんか》とその意味《いみ》を二回《にかい》読《よ》んで、答《こた》えましょう。

君《きみ》がため春《はる》の野《の》に出《い》でて若菜《わかな》摘《つ》む
我《わ》が衣手《ころもで》に雪《ゆき》は降《ふ》りつつ
光孝天皇《こうこうてんのう》

（意味《いみ》）

あなたのために、春《はる》の野《の》に出《で》かけて若菜《わかな》を摘《つ》むわたしのそでに、雪《ゆき》がずっと降《ふ》りつづいている。

※我《わ》が衣手《ころもで》…わたしのそで。

（令和二年度版　光村図書　国語四上　かがやき　「短歌・俳句に親しもう（一）」による）

(1) 上《うえ》の短歌《たんか》を、言葉《ことば》の調子《ちょうし》のいいところで五《いつ》つの部分《ぶぶん》に分《わ》けて、ひらがなで書《か》きましょう。

きみがため
はるののにいでて
わかなつむ
わがころもでに
ゆきはふりつつ

(2) どこに出《で》かけたときのことをよんだ短歌《たんか》ですか。短歌《たんか》の中《なか》から三文字《さんもじ》で書《か》き出《だ》しましょう。

春の野

51頁

短歌《たんか》・俳句《はいく》に親《した》しもう (一) 俳句《はいく》 (1)

名前

俳句《はいく》は、五《ご》・七《しち》・五《ご》の十七音《じゅうしちおん》で作《つく》られた短《みじか》い詩《し》です。

ふつうは、「季語《きご》」という、季節《きせつ》を表《あらわ》す言葉《ことば》が入《はい》っています。

● 次《つぎ》の俳句《はいく》とその意味《いみ》を二回《にかい》読《よ》んで、答《こた》えましょう。

名月《めいげつ》や池《いけ》をめぐりて夜《よ》もすがら
松尾芭蕉《まつおばしょう》

（意味《いみ》）

今夜《こんや》は中秋《ちゅうしゅう》の名月《めいげつ》。水《みず》にうつった月《つき》などをながめながら、池《いけ》のまわりを一晩中《ひとばんじゅう》歩《ある》いてしまった。

※名月《めいげつ》…中秋《ちゅうしゅう》の名月《めいげつ》。
※夜《よ》もすがら…一晩中《ひとばんじゅう》。

（令和二年度版　光村図書　国語四上　かがやき　「短歌・俳句に親しもう（一）」による）

(1) 上《うえ》の俳句《はいく》を、五音《ごおん》・七音《しちおん》・五音《ごおん》の三《みっ》つの部分《ぶぶん》に分《わ》けて、ひらがなで書《か》きましょう。

めいげつや
いけをめぐりて
よもすがら

(2) 俳句《はいく》の季語《きご》（季節《きせつ》を表《あらわ》す言葉《ことば》）を二文字《にもじ》で書《か》きましょう。

名月

(3) 季節《きせつ》は、春《はる》・夏《なつ》・秋《あき》・冬《ふゆ》のうち、どれですか。（意味《いみ》）も読《よ》んで、答《こた》えましょう。

秋

52 頁

短歌《たんか》・俳句《はいく》に親《した》しもう（二）
俳句《はいく》 (2)

名前

● 次《つぎ》の俳句《はいく》とその意味《いみ》を二回《にかい》読《よ》んで、答《こた》えましょう。

1
夏河《なつかわ》を越《こ》すうれしさよ手《て》に草履《ぞうり》
与謝《よさ》 蕪村《ぶそん》

（意味《いみ》）
夏《なつ》の日《ひ》に、手《て》に草履《ぞうり》を持《も》って川《かわ》を渡《わた》ると、川《かわ》の水《みず》がつめたくて気持《きも》ちがよく、うれしくなることだ。

2
雀《すずめ》の子《こ》そこのけそこのけ御馬《おうま》が通《とお》る
小林《こばやし》 一茶《いっさ》

（意味《いみ》）
雀《すずめ》の子《こ》よ、あぶないから、そこをどきなさい。お馬《うま》さんが通《とお》るよ。

（令和二年度版　光村図書　国語四上　かがやき「短歌・俳句に親しもう（二）」による）

1
(1) 上《うえ》の俳句《はいく》を、五音《ごおん》・七音《しちおん》・五音《ごおん》の、三《みっ》つの部分《ぶぶん》に分《わ》けて、ひらがなで書《か》きましょう。

（なつかわを）（こすうれしさよ）（てにぞうり）

(2) 俳句《はいく》の季語《きご》（季節《きせつ》を表《あらわ》す言葉《ことば》）を二文字《にもじ》で書《か》きましょう。

夏河

2
上《うえ》の俳句《はいく》を、調子《ちょうし》のいいところで三《みっ》つの部分《ぶぶん》に分《わ》けて、ひらがなで書《か》きましょう。

（すずめのこ）（そこのけそこのけ）（おうまがとおる）

53 頁

要約《ようやく》するとき
じょうほう

名前

● ある説明《せつめい》する文章《ぶんしょう》の要約《ようやく》を使《つか》って、自分《じぶん》の意見《いけん》を伝《つた》える文章《ぶんしょう》を書《か》きました。次《つぎ》の文章《ぶんしょう》はその一部分《いちぶぶん》です。この文章《ぶんしょう》を二回《にかい》読《よ》んで、答《こた》えましょう。

写真《しゃしん》を使《つか》って何《なに》かを伝《つた》えるときには、中谷日出《なかやひで》さんの「アップとルーズで伝《つた》える」を読《よ》むとさんこうになります。これには、次《つぎ》のようなことが書《か》かれています。（①）

写真《しゃしん》やえいぞうは、部分《ぶぶん》を大《おお》きくうつす「アップ」と、広《ひろ》いはんいをうつす「ルーズ」を選《えら》んだり、組《く》み合《あ》わせたりして使《つか》うことが大切《たいせつ》です。アップは、細《こま》かい部分《ぶぶん》の様子《ようす》が分《わ》かりますが、うつされていない部分《ぶぶん》は分《わ》かりません。ルーズは、広《ひろ》いはんいの様子《ようす》が分《わ》かりますが、細《こま》かい部分《ぶぶん》は分《わ》かりません。

テレビや新聞《しんぶん》では、目的《もくてき》におうじてアップとルーズを選《えら》んで使《つか》います。アップとルーズをいしきすれば、伝《つた》えたいことが、受《う》け手《て》にとどくのです。（②）

（令和二年度版　光村図書　国語四上　かがやき「要約するとき」による）

要約《ようやく》とは、話《はなし》や本《ほん》、文章《ぶんしょう》の内容《ないよう》を短《みじか》くまとめることをいいます。

(1) 上《うえ》の文章《ぶんしょう》では、何《なん》という文章《ぶんしょう》の要約《ようやく》を使《つか》って、自分《じぶん》の意見《いけん》を書《か》いていますか。

「アップとルーズで伝える」

(2) 上《うえ》の文章《ぶんしょう》の作者《さくしゃ》は、どんなときに、(1)の文章《ぶんしょう》を読《よ》むとさんこうになるといっていますか。

（写真を使って何かを伝えるとき）

(3) 上《うえ》の文章《ぶんしょう》の①、②は、自分《じぶん》の意見《いけん》か、要約《ようやく》した部分《ぶぶん》か、どちらですか。記号《きごう》で答《こた》えましょう。

・自分《じぶん》の意見《いけん》　①

・要約《ようやく》した部分《ぶぶん》　②

54 頁

新聞《しんぶん》を作《つく》ろう

名前

教科書《きょうかしょ》の「新聞《しんぶん》を作《つく》ろう」を読《よ》んで、答《こた》えましょう。

(1) 新聞作《しんぶんづく》りで使《つか》われる、次《つぎ》の言葉《ことば》の意味《いみ》にあうものを――線《せん》でむすびましょう。

① 見出《みだ》し　―　短《みじか》い言葉《ことば》で、記事《きじ》の内容《ないよう》を表《あらわ》すもの。文章《ぶんしょう》のまとまりの初《はじ》めに書《か》かれている。

② 取材《しゅざい》　―　知《し》りたいことなどについて、いろいろな方法《ほうほう》で調《しら》べて記事《きじ》にする材料《ざいりょう》を集《あつ》めること。

③ わりつけ　―　記事《きじ》の大《おお》きさと、入《い》れる場所《ばしょ》を決《き》めること。

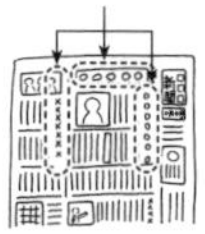

(2) 次《つぎ》の文章《ぶんしょう》が、新聞《しんぶん》を作《つく》る順番《じゅんばん》となるように、（　）にあてはまる言葉《ことば》を□から選《えら》んで、書《か》きましょう。

① どんな新聞《しんぶん》を作《つく》るか決《き》める。

② 見《み》て調《しら》べたり、インタビューをしたりして、（取材）をする。

③ どの記事《きじ》を大《おお》きく取《と》り上《あ》げるかなど（わりつけ）をする。

④ 事実《じじつ》が正《ただ》しく伝《つた》わるように（記事）を書《か》く。

⑤ 新聞《しんぶん》を仕上《しあ》げる。

・わりつけ　・取材《しゅざい》　・記事《きじ》

55 頁

アンケート調査《ちょうさ》のしかた

名前

教科書《きょうかしょ》の「アンケート調査《ちょうさ》のしかた」を読《よ》んで、答《こた》えましょう。

(1) 次《つぎ》の文《ぶん》は、アンケート調査《ちょうさ》について説明《せつめい》した文《ぶん》です。｛　｝の中《なか》であてはまる方《ほう》の言葉《ことば》を、それぞれ○でかこみましょう。

アンケート調査《ちょうさ》は、｛一人《ひとり》・(多《おお》くの人《ひと》)｝の考《かんが》えを知《し》るために、回答者《かいとうしゃ》に｛(同《おな》じ)・ばらばらの｝しつもんをして調《しら》べる方法《ほうほう》です。

(2) 「すきな遊《あそ》び」についてクラスでアンケートをとった後《あと》、集計《しゅうけい》けっかを次《つぎ》のようになかま分《わ》けしてまとめ、さらに表《ひょう》にしました。（　）に合《あ》う言葉《ことば》や数字《すうじ》を書《か》きましょう。

【なかま分《わ》けしてまとめたもの】

・外《そと》で遊《あそ》ぶ
サッカー　六人《ろくにん》
やきゅう　四人《よにん》
ダンス　二人《ふたり》
スケートボード　一人《ひとり》

・室内《しつない》で遊《あそ》ぶ
ゲーム　八人《はちにん》
読書《どくしょ》　三人《さんにん》
絵《え》をかく　一人《ひとり》

【表《ひょう》にしたもの】

すきな遊《あそ》び		人数《にんずう》
（①）	（②）	6
	やきゅう	4
	ダンス	2
	スケートボード	1
室内《しつない》で遊《あそ》ぶ	（③）	8
	読書《どくしょ》	（④）
	絵《え》をかく	1

① （外で遊ぶ）

② （サッカー）

③ （ゲーム）

④ （3）人《にん》

なかま分《わ》けしてまとめたものを表《ひょう》にすると、読《よ》む人《ひと》にとって分《わ》かりやすくなるね。

解答例

本書の解答は，あくまでもひとつの例です。児童に取り組ませる前に，必ず指導される方が問題を解いてください。指導される方の作られた解答をもとに，児童の多様な考えに寄り添って○つけをお願いします。

56頁

季節《きせつ》の言葉《ことば》2
夏《なつ》の楽《たの》しみ (1)

名前

(1) 次《つぎ》の文章《ぶんしょう》は、夏《なつ》にかんけいする言葉《ことば》についてせつめいしたものです。（　）にあてはまる言葉《ことば》を□から選《えら》んで書《か》きましょう。

① 夏至《げし》

六月《ろくがつ》二十一日《にじゅういちにち》ごろ、一年《いちねん》で最《もっと》も（昼）の時間《じかん》が長《なが》い日《ひ》のこと。

② 七夕《たなばた》

七月七日《しちがつなのか》に（おりひめ）とひこ星《ぼし》をまつる行事《ぎょうじ》のこと。

ねがいごとを書《か》いた（たんざく）を、ささなどにつけてかざる。

③ ぼんおどり

おぼんのころに、人々《ひとびと》が集《あつ》まっておどること。

（ゆかた）やじんべえを着《き》ている人《ひと》も多《おお》い。

・たんざく　・ゆかた　・昼《ひる》　・おりひめ

(2) 次《つぎ》の言葉《ことば》の中《なか》で、夏《なつ》（六月《ろくがつ》～八月《はちがつ》）にかんけいする言葉《ことば》を二《ふた》つ選《えら》んで、○をつけましょう。

（○）ほたるがり

（　）もみじがり

（　）お花見《はなみ》

（　）こいのぼり

（○）ささかざり

（　）ひな祭《まつ》り

56

57頁

季節《きせつ》の言葉《ことば》2
夏《なつ》の楽《たの》しみ (2)

名前

(1) 次《つぎ》の文章《ぶんしょう》は、「ころもがえ」「ほたるがり」の言葉《ことば》をせつめいしたものです。（　）にあてはまる言葉《ことば》を□から選《えら》んで書《か》きましょう。

① ころもがえ

（季節）に合《あ》わせた（服）の入《い》れかえのこと。多《おお》くの地《ち》いきで、毎年六月一日《まいとしろくがつついたち》に（夏）用《よう》に、十月一日《じゅうがつついたち》に冬用《ふゆよう》にかえる。

夏《なつ》・季節《きせつ》・服《ふく》

② ほたるがり

ほたるが、青白《あおじろ》く（光）を発《はっ》して飛《と》び回《まわ》るすがたをながめること。夏《なつ》の（夜）の楽《たの》しみの一《ひと》つ。きれいな（水）のそばでよく見《み》られる。

夜《よる》・水《みず》・光《ひかり》

(2) 次《つぎ》の俳句《はいく》について答《こた》えましょう。

ものなくて／軽《かろ》き袂《たもと》や／衣更《ころもがえ》
高浜《たかはま》　虚子《きょし》

（令和二年度版　光村図書　国語四上　かがやき「夏の楽しみ」による）

① 五《ご》・七《しち》・五《ご》のリズムで読《よ》めるように、上《うえ》の俳句《はいく》を／線《せん》で区切《くぎ》りましょう。

② 俳句《はいく》の季語《きご》（きせつの言葉《ことば》）を見《み》つけて、ひらがな五文字《ごもじ》で書《か》きましょう。

ころもがえ

57

58頁

本《ほん》は友達《ともだち》
事実《じじつ》にもとづいて書《か》かれた本《ほん》を読《よ》もう

名前

教科書《きょうかしょ》の「事実《じじつ》にもとづいて書《か》かれた本《ほん》を読《よ》もう」を読《よ》んで、答《こた》えましょう。

● 事実《じじつ》にもとづいて書《か》かれた本《ほん》（ノンフィクション）を読《よ》んで、そのよさをポップに書《か》きました。次《つぎ》のポップの文章《ぶんしょう》を二回《にかい》読《よ》んで、問題《もんだい》に答《こた》えましょう。

学校《がっこう》は，未来《みらい》へつながる希望《きぼう》だ。―①

「ランドセルは海《うみ》をこえて」
内堀《うちぼり》タケシ　写真《しゃしん》・文《ぶん》―②

使《つか》われなくなったランドセルをアフガニスタンの子《こ》どもたちにおくる活動《かつどう》を，写真《しゃしん》でたどる絵本《えほん》です。色《いろ》あざやかな写真《しゃしん》から，アフガニスタンのくらしの様子《ようす》がよく分《わ》かります。「学校《がっこう》に通《かよ》う」ということの意味《いみ》を考《かんが》えさせられる本《ほん》です。―③

（令和二年度版　光村図書　国語四上　かがやき「事実にもとづいて書かれた本を読もう」による）

(1) 上《うえ》のポップの①～③では、どんなことが書《か》かれていますか。□から選《えら》んで記号《きごう》で答《こた》えましょう。

① ウ　② ア　③ イ

㋐ 本《ほん》の題名《だいめい》と、筆者名《ひっしゃめい》。
㋑ 本《ほん》の内容《ないよう》のかんたんなしょうかいや、読《よ》んだ感想《かんそう》。
㋒ 心《こころ》にのこった文《ぶん》の引用《いんよう》や、本《ほん》のキャッチコピー。

(2) 上《うえ》のポップの①のところで、見《み》る人《ひと》の目《め》を引《ひ》くように、どんな工夫《くふう》をしていますか。二《ふた》つに○をつけましょう。

（○）大《おお》きな字《じ》で書《か》いている。

（　）くわしく書《か》いている。

（○）下線《かせん》を引《ひ》いている。

58

59頁

ランドセルは海《うみ》をこえて (1)

名前

● 次《つぎ》の文章《ぶんしょう》を二回《にかい》読《よ》んで、答《こた》えましょう。

1

〔アフガニスタンでは、戦争《せんそう》じょうたいが長《なが》くつづいている。ぼく（筆者《ひっしゃ》）は、日本《にほん》の子《こ》どもたちが使《つか》ったランドセルに文具《ぶんぐ》を入《い》れて、アフガニスタンの子《こ》どもたちにおくる活動《かつどう》をしている。〕

ここは学校《がっこう》。

アフガニスタンでは、㋐整備《せいび》された学校《がっこう》があるとはかぎらない。教科書《きょうかしょ》もノートも、当《あ》たり前《まえ》にあるわけではない。

※整備《せいび》…ひつようなものを、いつでも使《つか》えるようにじゅんびしておくこと。

2

校舎《こうしゃ》もつくえもいすもなく、地面《じめん》にすわって勉強《べんきょう》をする学校《がっこう》が多《おお》くある。小《ちい》さな黒板《こくばん》だけが学校《がっこう》の印《しるし》。

（令和二年度版　光村図書　国語四上　かがやき　内堀《うちぼり》　タケシ）

1

(1) ㋐整備《せいび》された学校《がっこう》があるとはかぎらない。とは、どんな意味《いみ》ですか。○をつけましょう。

（　）学校《がっこう》で使《つか》うものは、すべての学校《がっこう》で何《なん》でもそろっている。

（○）学校《がっこう》で使《つか》うものが、どの学校《がっこう》にもかならずあるとは言《い》えない。

(2) アフガニスタンでは、教科書《きょうかしょ》やノートはありますか。○をつけましょう。

（　）かならずある。

（○）ないこともある。

2

(1) 校舎《こうしゃ》もつくえもいすもない学校《がっこう》では、どこにすわって勉強《べんきょう》しますか。

地面

(2) 学校《がっこう》の印《しるし》となっているのは、何《なん》ですか。

（小さな）黒板（だけ）

59

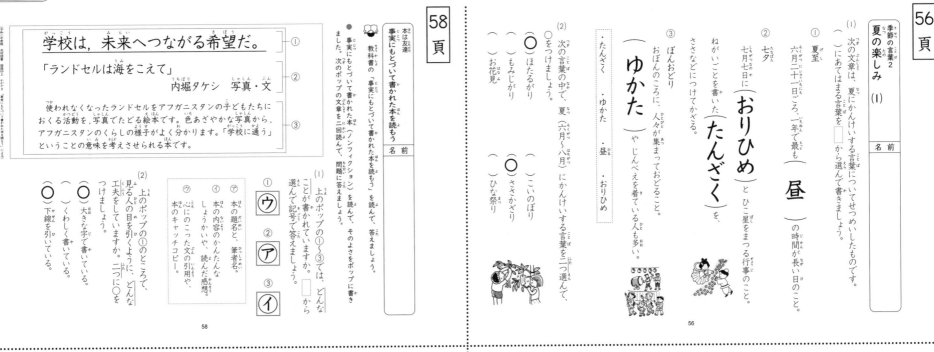

60頁

ランドセルは海《うみ》をこえて (2)

名前

● 次《つぎ》の文章《ぶんしょう》を二回《にかい》読《よ》んで、答《こた》えましょう。

1

〔アフガニスタンでは、小《ちい》さな黒板《こくばん》だけが学校《がっこう》の印《しるし》。〕

それでも、みんな勉強《べんきょう》が大好《だいす》きだ。字《じ》が読《よ》めるようになり、書《か》けるようになり、新《あたら》しいことをたくさん知《し》る。みんな、すごい集中力《しゅうちゅうりょく》。先生《せんせい》の言葉《ことば》を聞《き》きたいと、㋐じっと前《まえ》を見《み》ている。じゅぎょう中《ちゅう》は、先生《せんせい》のしつもんにいっせいに手《て》をあげ、しんけんに答《こた》える。

2

君《きみ》たちがおくったじょうぶなランドセルは、かばんとしてはもちろん、つくえの代《か》わりにも使《つか》われている。

（令和二年度版　光村図書　国語四上　かがやき　内堀《うちぼり》　タケシ）

1

(1) みんなが大好《だいす》きなことは、何《なん》ですか。

〔勉強〕

(2) みんなが、㋐じっと前《まえ》を見《み》ているのは、どうしてですか。

〔先生の言葉を聞《き》きたいから。〕

(3) じゅぎょう中《ちゅう》、みんなは、何《なに》に対《たい》していっせいに手《て》をあげますか。

〔先生のしつもん〕

2

ランドセルは、アフガニスタンで何《なに》として使《つか》われていますか。二《ふた》つ書《か》きましょう。

〔かばん〕

〔つくえの代《か》わり。〕

60

61頁

ランドセルは海《うみ》をこえて (3)

名前

● 次《つぎ》の文章《ぶんしょう》を二回《にかい》読《よ》んで、答《こた》えましょう。

1

クラスには、いろいろな年《ねん》れいの子《こ》どもがいる。アフガニスタンでは、子《こ》どもたちも大人《おとな》と同《おな》じくらい大切《たいせつ》な㋐働《はたら》き手《て》だ。商売《しょうばい》や農業《のうぎょう》の手伝《てつだ》いはもちろん、水《みず》くみ、家畜《かちく》の世話《せわ》、すいじせんたく、弟《おとうと》や妹《いもうと》の世話《せわ》――いろいろな仕事《しごと》をして、家族《かぞく》どうしでささえ合《あ》う。だから、学校《がっこう》に通《かよ》い始《はじ》める年《ねん》れいが、〔㋑〕。

※家畜《かちく》…人間《にんげん》が育《そだ》てている、牛《うし》や馬《うま》などの動物《どうぶつ》。
※すいじ…食《た》べ物《もの》を作《つく》ること。

2

まずしい家庭《かてい》では、きょうだい全員《ぜんいん》が学校《がっこう》に行《い》けるとはかぎらない。だれが、いつ学校《がっこう》に行《い》けるかは、そのときどきの家《いえ》の事情《じじょう》でかわってくる。

（令和二年度版　光村図書　国語四上　かがやき　内堀《うちぼり》　タケシ）

1

(1) ㋐働《はたら》き手《て》とは、どんな意味《いみ》ですか。○をつけましょう。

(○) 働《はたら》いて、家族《かぞく》の生活《せいかつ》をささえる人《ひと》。

(　) 働《はたら》く人《ひと》のお世話《せわ》になっている人《ひと》。

(2) アフガニスタンの子《こ》どもたちは、大人《おとな》と同《おな》じくらいの何《なん》だといっていますか。

〔大切な働き手〕

(3) 〔㋑〕にあてはまる言葉《ことば》に○をつけましょう。

(　) 同《おな》じになる

(○) ちがってくる

2

きょうだい全員《ぜんいん》が学校《がっこう》に行《い》けないこともあるのは、どのような家庭《かてい》の子《こ》どもですか。

〔まずしい家庭〕

61

62頁

ランドセルは海《うみ》をこえて (4)

名前

● 次《つぎ》の文章《ぶんしょう》を二回《にかい》読《よ》んで、答《こた》えましょう。

1

〔アフガニスタンでは、大切《たいせつ》な働《はたら》き手《て》でもある子《こ》どもは、学校《がっこう》に通《かよ》い始《はじ》める年《ねん》れいがちがってくる。〕

そういうかんきょうでは、㋐ランドセルは大《おお》きな意味《いみ》をもつ。同《おな》じ村《むら》にランドセルをせおった子《こ》どもがいることで、学校《がっこう》に行《い》っていない子《こ》どもたちの親《おや》が、自分《じぶん》の子《こ》どもも学校《がっこう》に行《い》かせたいという気持《きも》ちになるからだ。

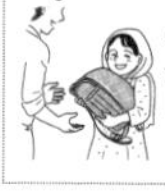

2

紛争《ふんそう》が長《なが》くつづいているアフガニスタンには、大人《おとな》でも文字《もじ》を読《よ》めない人《ひと》がたくさんいる。文字《もじ》が読《よ》めないと、仕事《しごと》もかぎられる。新聞《しんぶん》や本《ほん》が読《よ》めず、社会《しゃかい》で起《お》きている出来事《できごと》を知《し》る機会《きかい》も少《すく》なくなる。健康《けんこう》で安全《あんぜん》にくらす方法《ほうほう》を知《し》ることもむずかしい。

※紛争《ふんそう》…もめて争《あらそ》うこと。戦争《せんそう》。

（令和二年度版　光村図書　国語四上　かがやき　内堀《うちぼり》　タケシ）

1

㋐ランドセルは大《おお》きな意味《いみ》をもつとは、ランドセルにはどんな役《やく》わりがあるということですか。

学校《がっこう》に行《い》っていない子《こ》どもたちの〔親〕を、〔自分の子どもも学校に行かせたい〕という気《き》持《も》ちにさせる役《やく》わり。

2

大人《おとな》になって文字《もじ》が読《よ》めないと、どうなりますか。三《みっ》つ書《か》きましょう。

〔仕事〕がかぎられる。

出来事《できごと》を知《し》る機会《きかい》が少《すく》なくなる。〔社会で起きている〕

〔健康で安全にくらす〕方法《ほうほう》を知《し》ることがむずかしい。

62

63頁

ランドセルは海《うみ》をこえて (5)

名前

● 次《つぎ》の文章《ぶんしょう》を二回《にかい》読《よ》んで、答《こた》えましょう。

1

学校《がっこう》は、未来《みらい》へつながる希望《きぼう》だ。勉強《べんきょう》をすることで、文字《もじ》を覚《おぼ》え、計算《けいさん》もできるようになる。

2

文字《もじ》を読《よ》むことができれば、買《か》ってきた薬《くすり》をいつ、どのくらい飲《の》めばいいのかが分《わ》かる。そして、㋐衛生的《えいせいてき》なくらしをして㋑家族《かぞく》を病気《びょうき》から守《まも》ることができる。

（令和二年度版　光村図書　国語四上　かがやき　内堀《うちぼり》　タケシ）

1

(1) 筆者《ひっしゃ》は、学校《がっこう》はどんなものだといっていますか。文中《ぶんちゅう》の言葉《ことば》九文字《きゅうもじ》で答《こた》えましょう。

〔未来へつながる希望〕

(2) 勉強《べんきょう》をすることで、どんなことができるようになりますか。

〔文字〕を覚《おぼ》え、〔計算〕もできるようになる。

2

(1) ㋐衛生的《えいせいてき》なくらしとは、どんな意味《いみ》ですか。○をつけましょう。

(○) 身《み》の回《まわ》りが、きれいでせいけつな生活《せいかつ》。

(　) 身《み》の回《まわ》りが、よごれたきたない生活《せいかつ》。

(2) 筆者《ひっしゃ》は、勉強《べんきょう》をして、どんなことができれば、㋑家族《かぞく》を病気《びょうき》から守《まも》ることができるといっていますか。

文字《もじ》を〔読む〕こと。

63

本書の解答は，あくまでもひとつの例です。児童に取り組ませる前に，必ず指導される方が問題を解いてください。指導される方の作られた解答をもとに，児童の多様な考えに寄り添って○つけをお願いします。

64 頁

忘《わす》れもの

名前

● 次《つぎ》の詩《し》を二回《にかい》読《よ》んで、答《こた》えましょう。

忘《わす》れもの　　高田《たかだ》　敏子《としこ》

入道雲《にゅうどうぐも》にのって
㋐夏休《なつやす》みはいってしまった
「サヨナラ」のかわりに
素晴《すば》らしい夕立《ゆうだち》をふりまいて

㋑けさ　空《そら》はまっさお
木々《きぎ》の葉《は》の一枚一枚《いちまいいちまい》が
あたらしい光《ひかり》とあいさつをかわしている

だがキミ！　夏休《なつやす》みよ
もう一度《いちど》　もどってこないかな
㋒忘《わす》れものをとりにさ

迷子《まいご》のセミ
さびしそうな麦《むぎ》わら帽子《ぼうし》
それから　ぼくの耳《みみ》に
くっついて離《はな》れない波《なみ》の音《おと》

（令和二年度版　光村図書　国語四上　かがやき　高田　敏子）

(1) ㋐夏休《なつやす》みはいってしまったとは、どんな意味《いみ》ですか。○をつけましょう。
（　）夏休《なつやす》みが始《はじ》まったこと。
（○）夏休《なつやす》みが終《お》わったこと。

(2) ㋑けさとは、いつのことを表《あらわ》していますか。○をつけましょう。
（　）夏休《なつやす》みが終《お》わった日《ひ》。
（○）夏休《なつやす》みが終《お》わって、学校《がっこう》が始《はじ》まる日《ひ》。

(3) ㋒忘《わす》れものをしたのは、だれ（何《なん》）ですか。

［夏休み］

(4) ㋒忘《わす》れものとして、何《なに》が書《か》かれていますか。三《みっ》つ選《えら》んで○をつけましょう。
（　）夏休《なつやす》み
（　）あたらしい光《ひかり》
（○）迷子《まいご》のセミ
（○）麦《むぎ》わら帽子《ぼうし》
（○）耳《みみ》にのこっている波《なみ》の音《おと》

65 頁

ぼくは川《かわ》

名前

● 次《つぎ》の詩《し》を二回《にかい》読《よ》んで、答《こた》えましょう。

ぼくは川《かわ》　　阪田《さかた》　寛夫《ひろお》

じわじわひろがり
背《せ》をのばし
土《つち》と砂《すな》とをうるおして
くねって　うねって　ほとばしり
とまれと言《い》っても　もうとまらない
ぼくは川《かわ》

（①）

真《ま》っ赤《か》な月《つき》にのたうったり
砂漠《さばく》のなかに渇《かわ》いたり
それでも雲《くも》の影《かげ》うかべ
さかなのうろこを光《ひか》らせて
あたらしい日《ひ》へほとばしる
あたらしい日《ひ》へほとばしる

※うるおす…ぬらす。
※うねる…曲《ま》がりくねりながら行《い》く。
※ほとばしる…いきおいよくふき出《だ》す。
※のたうつ…苦《くる》しくて、転《ころ》がり回《まわ》る。

（令和二年度版　光村図書　国語四上　かがやき　阪田　寛夫）

(1) この詩《し》で、「ぼく」は何《なん》だといっていますか。

［川］

(2) ①のところでは、川《かわ》のどんな様子《ようす》を表《あらわ》してしますか。□から選《えら》んで記号《きごう》で答《こた》えましょう。

［㋑］

㋐ 広《ひろ》く大《おお》きな場所《ばしょ》でたっぷりの水《みず》がゆったりと流《なが》れる様子《ようす》。
㋑ 水《みず》がゆっくりと少《すこ》しずつ広《ひろ》がりはじめるところから、いきおいよく流《なが》れるようになっていく様子《ようす》。

(3) 川《かわ》は、何《なに》に向《む》かってほとばしるといっていますか。詩《し》の中《なか》から六文字《ろくもじ》で書《か》き出《だ》しましょう。

［あ｜た｜ら｜し｜い｜日］

66 頁

あなたなら、どう言《い》う

名前

教科書《きょうかしょ》の「あなたなら、どう言《い》う」を読《よ》んで、答《こた》えましょう。

● お姉《ねえ》さんが家《いえ》に帰《かえ》ってきたら、妹《いもうと》のおもちゃや本《ほん》が部屋中《へやじゅう》に散《ち》らかっていました。このときの二人《ふたり》の様子《ようす》や思《おも》いを確《たし》かめて、問題《もんだい》に答《こた》えましょう。

お姉《ねえ》さん
妹《いもうと》

お姉《ねえ》さん　これから友達《ともだち》が遊《あそ》びに来《く》るので、部屋《へや》をきれいにしたいと思《おも》っている。

妹《いもうと》　大事《だいじ》にしているぬいぐるみが見《み》つからなくて、一生《いっしょう》けんめいにさがしている。

(1) お姉《ねえ》さんが、妹《いもうと》の立場《たちば》になって考《かんが》えた言《い》い方《かた》ができているほうは、次《つぎ》の㋐、㋑のどちらだと思《おも》いますか。○をつけましょう。

㋐（　）

妹《いもうと》
大事《だいじ》なぬいぐるみを見《み》つけようと、さっきからずっとさがしているところなの…。
お姉《ねえ》さん
友達《ともだち》がもうすぐ遊《あそ》びに来《く》るから、とにかく早《はや》くかたづけて。

㋑（○）

妹《いもうと》
大事《だいじ》なぬいぐるみを見《み》つけようと、さっきからずっとさがしているところなの…。
お姉《ねえ》さん
そうだったんだ。じゃあ、いっしょにさがしながら、部屋《へや》をかたづけていこうか。

67 頁

パンフレットを読《よ》もう

名前

教科書《きょうかしょ》の「パンフレットを読《よ》もう」を読《よ》んで、答《こた》えましょう。

(1) 次《つぎ》の文章《ぶんしょう》は、パンフレットについて説明《せつめい》したものです。（　）にあてはまる言葉《ことば》を□から選《えら》んで書《か》きましょう。

パンフレットとは、物《もの》や（場所）などについて、説明《せつめい》をしたり、その（よさ）をみんなに知《し》らせたりするためのものです。（手軽）に持《も》ち運《はこ》べて、それを見《み》ながら行動《こうどう》できるように、写真《しゃしん》や（絵）などと、短《みじか》い文章《ぶんしょう》で作《つく》られています。

・よさ　・場所《ばしょ》
・絵《え》　・手軽《てがる》

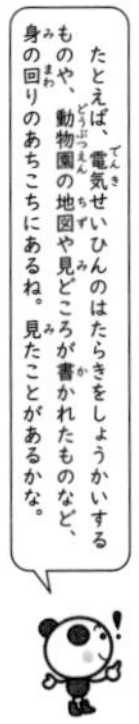

たとえば、電気《でんき》せいひんのはたらきをしょうかいするものや、動物園《どうぶつえん》の地図《ちず》や見《み》どころが書《か》かれたものなど、身《み》の回《まわ》りのあちこちにあるね。見《み》たことがあるかな。

(2) パンフレットには、どのようなものがあるでしょう。あてはまるものに○を、そうでないものに×をつけましょう。（○は三《みっ》つあります）
（○）おかし工場《こうじょう》の見学案内《けんがくあんない》
（×）クラスの文集《ぶんしゅう》
（○）テレビの商品《しょうひん》カタログ
（○）遊園地《ゆうえんち》の園内《えんない》マップ
（×）動物《どうぶつ》の図《ず》かん

68頁

いろいろな意味《いみ》をもつ言葉《ことば》 (1)

名前

● 次《つぎ》の□には同《おな》じ言葉《ことば》が入《はい》ります。その言葉《ことば》を□から選《えら》んで〈例《れい》〉にならって、上《うえ》の□に書《か》きましょう。

〈例《れい》〉 とる
朝食《ちょうしょく》を□
場所《ばしょ》を□
とんぼを□
めがねを□

① はかる
重《おも》さを□
長《なが》さを□
時間《じかん》を□
交流《こうりゅう》を□

② つく
電気《でんき》が□
学校《がっこう》に□
つえを□
席《せき》に□

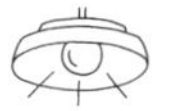

③ たてる
足音《あしおと》を□
はたを□
家《いえ》を□
計画《けいかく》を□

④ でる
入学式《にゅうがくしき》に□
校庭《こうてい》に□
家《いえ》を□
星《ほし》が□

たてる ・ はかる
でる ・ つく

69頁

いろいろな意味《いみ》をもつ言葉《ことば》 (2)

名前

● 次《つぎ》の①～⑤の三《みっ》つの（　）には、どれも同《おな》じ言葉《ことば》が入《はい》ります。（　）に入《はい》る言葉《ことば》を□から選《えら》んで□に書《か》きましょう。

①
ベルが（　）。
木《き》の実《み》が（　）。
社長《しゃちょう》に（　）。
なる

②
かぜを（　）。
ピアノを（　）。
つなを（　）。
ひく

③
気温《きおん》が（　）。
空《そら》にたこが（　）。
二階《にかい》に（　）。
あがる

④
かぎを（　）。
電話《でんわ》を（　）。
5に2を（　）。
かける

⑤
スープの味《あじ》を（　）。
弟《おとうと》のめんどうを（　）。
テレビを（　）。
みる

みる ・ なる ・ あがる・ ひく ・ かける

70頁

いろいろな意味《いみ》をもつ言葉《ことば》 (3)

名前

● 次《つぎ》の言葉《ことば》は、文《ぶん》の中《なか》でそれぞれどんな意味《いみ》で使《つか》われていますか。□から選《えら》んで、記号《きごう》で答《こた》えましょう。

(1) とる
① こん虫《ちゅう》をとる。 ウ
② 食事《しょくじ》をとる。 イ
③ ざっ草《そう》をとる。 ア

㋐ とりのぞく。
㋑ 食《た》べる。
㋒ つかまえる。

(2) あける
① 年《とし》があける。 イ
② 店《みせ》をあける。 ウ
③ 席《せき》をあける。 ア

㋐ すき間《ま》を作《つく》る。
㋑ 新《あたら》しい年《とし》になる。
㋒ 始《はじ》める。

(3) あたる
① 日《ひ》があたる。 ア
② くじにあたる。 ウ
③ 球《たま》が足《あし》にあたる。 イ

㋐ 光《ひかり》などを受《う》ける。
㋑ ぶつかる。
㋒ 的中《てきちゅう》する。

71頁

いろいろな意味《いみ》をもつ言葉《ことば》 (4)

名前

(1) 次《つぎ》の——線《せん》の言葉《ことば》は、㋐、㋑のどちらと同《おな》じ意味《いみ》で使《つか》われていますか。同《おな》じほうに○をつけましょう。

① 手《て》に絵《え》の具《ぐ》がつく。
㋐（　）電車《でんしゃ》がもうすぐ駅《えき》につく。
㋑（○）かみの毛《け》にほこりがつく。

② 長《なが》いぼうを地面《じめん》にたてる。
㋐（○）店《みせ》の前《まえ》に大売《おおう》り出《だ》しの はたをたてる。
㋑（　）新《あたら》しく家《いえ》をたてる。

(2) 次《つぎ》の—の言葉《ことば》は、㋐～㋒のどれと同《おな》じ意味《いみ》で使《つか》われていますか。一《ひと》つに○をつけましょう。

① 二人《ふたり》でふとんにシーツをかける。
㋐（　）晴《は》れた日《ひ》に野原《のはら》をかける。
㋑（　）ハンガーに新《あたら》しい服《ふく》をかける。
㋒（○）お気《き》に入《い》りの本《ほん》にカバーをかける。

② 全力《ぜんりょく》でつなをひく。
㋐（　）わからない言葉《ことば》の意味《いみ》を辞書《じしょ》でひく。
㋑（○）つくえを手前《てまえ》にひく。
㋒（　）線《せん》をまっすぐひく。

本書の解答は，あくまでもひとつの例です。児童に取り組ませる前に，必ず指導される方が問題を解いてください。指導される方の作られた解答をもとに，児童の多様な考えに寄り添って○つけをお願いします。

72頁

山《やま》ねこ、おことわり (1)

名前

● 次《つぎ》の文章《ぶんしょう》を二回《にかい》読《よ》んで、答《こた》えましょう。

1

［松《まつ》井《い》さんは、タクシーの運転手《うんてんしゅ》です。ある日《ひ》、わかい男《おとこ》の人《ひと》をお客《きゃく》として乗《の》せました。］

するとお客《きゃく》は、のどのおくでごろごろするような、低《ひく》いやわらかい笑《わら》い声《ごえ》を立《た》てました。

いやな笑《わら》い方《かた》だな、とバックミラーを見《み》た松《まつ》井《い》さんは、「あっ。」と声《こえ》を出《だ》しそうになりました。

※バックミラー……自動車《じどうしゃ》の運転席《うんてんせき》から、後《うし》ろのほうを見《み》るためのかがみ。

1

(1) お客《きゃく》は、どんな笑《わら》い声《ごえ》を立《た》てましたか。

［ごろごろ するような、低いやわらかい 笑《わら》い声《ごえ》。］

(2) お客《きゃく》が立《た》てた笑《わら》い声《ごえ》を聞《き》いて、松《まつ》井《い》さんはどう思《おも》いましたか。文中《ぶんちゅう》から書《か》き出《だ》しましょう。

［いやな笑い方だな］

2

車《くるま》が、がくっ、とゆれました。バックミラーの中《なか》の男《おとこ》の顔《かお》に、こげ茶《ちゃ》のしまの毛《け》が生《は》えていました。

金色《きんいろ》の目《め》、しめった黒《くろ》い鼻《はな》、はり金《がね》のように、ぴんと横《よこ》にはったひげ——。

なんと、お客《きゃく》はネクタイをしめた山《やま》ねこでした。

（令和二年度版　光村図書　国語四上　かがやき　あまん　きみこ）

2

(1) バックミラーの中《なか》の男《おとこ》の顔《かお》には、どんな毛《け》が生《は》えていましたか。

［こげ茶のしまの毛］

(2) バックミラーの中《なか》の男《おとこ》の目《め》は、何色《なにいろ》でしたか。

［金色］

(3) お客《きゃく》は、だれでしたか。

［（ネクタイをしめた）山ねこ］

73頁

山《やま》ねこ、おことわり (2)

名前

● 次《つぎ》の文章《ぶんしょう》を二回《にかい》読《よ》んで、答《こた》えましょう。

1

［松《まつ》井《い》さんが乗《の》せたお客《きゃく》は、ネクタイをしめた山《やま》ねこでした。］

松《まつ》井《い》さんは、力《ちから》いっぱいブレーキをふみました。

もうもうと土《つち》ぼこりを上《あ》げて、車《くるま》が止《と》まりました。

「㋐おりてくださいよ。」

松《まつ》井《い》さんはふり向《む》かないで言《い》いました。声《こえ》までふるえそうなのを、やっとこらえていたのです。

※こらえて…がまんして。

1

「㋐おりてくださいよ。」について答《こた》えましょう。

① だれが言《い》った言葉《ことば》ですか。

［松井さん］

② どんなふうに言《い》いましたか。一《ひと》つに○をつけましょう。

（　）後《うし》ろをふり向《む》いて、ふるえながら言《い》った。

（○）後《うし》ろをふり向《む》かずに、声《こえ》がふるえないように気《き》をつけて言《い》った。

（　）後《うし》ろをふり向《む》かずに、声《こえ》をふるわせて言《い》った

2

「㋑こんな所《ところ》で、おりなくちゃいけないのでしょうか。」

こう言《い》いながら、お客《きゃく》が松《まつ》井《い》さんの方《ほう》に顔《かお》をよせたのか——、生《なま》ぐさいにおいがぷんとしてきました。

※生《なま》ぐさい……血《ち》や、生《なま》の肉《にく》や魚《さかな》などのような（におい）。

（令和二年度版　光村図書　国語四上　かがやき　あまん　きみこ）

2

「㋑こんな所《ところ》で、…でしょうか。」について答《こた》えましょう。

① だれが言《い》った言葉《ことば》ですか。

［お客（山ねこ）］

② このとき、松《まつ》井《い》さんは、どんなにおいを感《かん》じましたか。

［生ぐさいにおい］

74頁

山《やま》ねこ、おことわり (3)

名前

● 次《つぎ》の文章《ぶんしょう》を二回《にかい》読《よ》んで、答《こた》えましょう。

1

［ある日《ひ》、乗《の》せたお客《きゃく》が山《やま》ねこだと分《わ》かった松《まつ》井《い》さんは、「おりてくださいよ。」と言《い》いました。］

㋐「だって、あんたは、山《やま》ねこでしょう。」

㋑「でも、この車《くるま》のどこにも『山《やま》ねこ、おことわり』とは書《か》いてなかったですよ。」

㋐それは、まあ、そうだ、と松《まつ》井《い》さんは思《おも》いました。

2

㋒「料金《りょうきん》をはらえば、だれであろうと、同《おな》じじゃありませんか。」

㋑それもまあ、そうだ、と松《まつ》井《い》さんはまた、思《おも》いました。

（令和二年度版　光村図書　国語四上　かがやき　あまん　きみこ）

1

(1) ㋐、㋑の言葉《ことば》は、それぞれだれが言《い》った言葉《ことば》ですか。

㋐［松井さん］

㋑［山ねこ（お客）］

(2) ㋐それは、まあ、そうだと思《おも》いましたか。松《まつ》井《い》さんは、どんなことを、

［自分《じぶん》の車《くるま》のどこにも「山ねこ、おことわり」と書《か》いてなかったこと。］

2

(1) ㋒の言葉《ことば》は、だれが言《い》った言葉《ことば》ですか。

［山ねこ（お客）］

(2) ㋑それもまあ、そうだと思《おも》いましたか。松《まつ》井《い》さんは、どんなことを、

［料金 をはらえば、だれでも同《おな》じだということ。］

75頁

山《やま》ねこ、おことわり (4)

名前

● 次《つぎ》の文章《ぶんしょう》を二回《にかい》読《よ》んで、答《こた》えましょう。

1

［お客《きゃく》の山《やま》ねこは、タクシー運転手《うんてんしゅ》の松《まつ》井《い》さんに話《はな》をしています。］

「お願《ねが》いしますよ。なにしろ、急《いそ》いでいるんです。母《はは》が病気《びょうき》になったと、電報《でんぽう》が来《き》たのですよ。わたしは、医者《いしゃ》なのです。といっても、まだ、医者《いしゃ》になったばかりなのですがね。」

2

送《おく》ってやろうかな、いや、㋐送《おく》るべきだ、と松《まつ》井《い》さんは思《おも》いました。そして、㋑まばたきをして、自分《じぶん》の頭《あたま》を、三度《さんど》たたいてみました。

それでも㋒決心《けっしん》が変《か》わらなかったので、はっきりうなずきました。

「いいです。お送《おく》りしましょう。」

（令和二年度版　光村図書　国語四上　かがやき　あまん　きみこ）

1

(1) 山《やま》ねこが急《いそ》いでいるのは、なぜですか。

［母が病気になった という電報《でんぽう》が来《き》たから。］

(2) 山《やま》ねこの仕事《しごと》は、何《なん》だと言《い》っていますか。

［医者］

2

(1) ㋐送《おく》るべきだとは、どんな意味《いみ》ですか。○をつけましょう。

（　）送《おく》らなくてもよい。

（○）送《おく》らなければならない。

(2) ㋑にあてはまる言葉《ことば》に○をつけましょう。

（○）ぱちぱち

（　）ぱくぱく

(3) 松《まつ》井《い》さんは、どうすることを㋒決心《けっしん》しましたか。

［山《やま》ねこを 送る こと。］

本書の解答は，あくまでもひとつの例です。児童に取り組ませる前に，必ず指導される方が問題を解いてください。指導される方の作られた解答をもとに，児童の多様な考えに寄り添って○つけをお願いします。

解答例

76頁

言葉《ことば》のたから箱《ばこ》 (1)

名前

考《かんが》えや気持《きも》ちをつたえる言葉《ことば》の意味《いみ》や使《つか》い方《かた》をたしかめましょう。

(1) 次《つぎ》の言葉《ことば》と反対《はんたい》の意味《いみ》を表《あらわ》す言葉《ことば》を□から選《えら》んで書《か》きましょう。

① おくびょう ↕ （ゆうかん）

② 気長《きなが》 ↕ （短気）

③ たよりない ↕ （たのもしい）

・短気《たんき》　・ゆうかん　・たのもしい

(2) 次《つぎ》の文《ぶん》を読《よ》んで、——線《せん》の言葉《ことば》の意味《いみ》にあうものに○をつけましょう。

① 妹《いもうと》はいつも大《おお》げさに話《はな》す。
（　）本当《ほんとう》にあったことをそのままのとおりに。
（○）本当《ほんとう》のことよりもたいへんなように見《み》せかけて。

② 新《あたら》しいくつは、大《おお》きさも軽《かる》さも言《い》うことなしだ。
（○）すばらしい。
（　）少《すこ》しだけ問題《もんだい》がある。

③ これは、世界《せかい》に二《ふた》つとない大切《たいせつ》な物《もの》だ。
（　）二《ふた》つだけしかない。
（○）ただ一《ひと》つしかない。

76

77頁

言葉《ことば》のたから箱《ばこ》 (2)

名前

考《かんが》えや気持《きも》ちをつたえる言葉《ことば》の意味《いみ》や使《つか》い方《かた》をたしかめましょう。

(1) 次《つぎ》の文《ぶん》を読《よ》んで、——線《せん》を引《ひ》いた言葉《ことば》の意味《いみ》にあうものに○をつけましょう。

① あまりにとつぜんのことで、あっけにとられる。
（○）意外《いがい》なことに、おどろきあきれる。
（　）いやなことがなくなって、すっきりする。

② きみは、もっとかたの力《ちから》をぬくほうがいいと思《おも》う。
（○）力《ちから》が入《はい》りすぎているのを、ゆったりと楽《らく》にする。
（　）かたのつかれやこりをとる。

③ 山《やま》のような問題《もんだい》に頭《あたま》をかかえる。
（　）頭《あたま》を使《つか》って、いろいろとよく考《かんが》える。
（○）ひどくこまる。

(2) 次《つぎ》の文《ぶん》の（　）にあてはまる言葉《ことば》を□から選《えら》んで書《か》きましょう。

① 大事《だいじ》な試合《しあい》の前《まえ》に、（気を引きしめる）。

② のろのろと動《うご》く弟《おとうと》を見《み》ていると、（じれったい）。

③ 人前《ひとまえ》でほめられて、少《すこ》し（気はずかしい）。

・じれったい　・気《き》はずかしい　・気《き》を引《ひ》きしめる

77

喜楽研の支援教育シリーズ
ゆっくり　ていねいに学べる
国語教科書支援ワーク 4-① 光村図書の教材より抜粋

2023年3月1日

原稿検討：中村　幸成
イラスト：山口　亜耶　他
表紙イラスト：鹿川　美佳
表紙デザイン：エガオデザイン
企画・編著：原田　善造・あおい　えむ・今井　はじめ・さくら　りこ・中田　こういち
なむら　じゅん・ほしの　ひかり・堀越　じゅん・みやま　りょう（他4名）
編集担当：中川　瑞枝

発行者：岸本　なおこ
発行所：喜楽研（わかる喜び学ぶ楽しさを創造する教育研究所：略称）
〒604-0827　京都府京都市中京区高倉通二条下ル瓦町 543-1
TEL 075-213-7701　FAX 075-213-7706　HP https://www.kirakuken.co.jp
印刷：株式会社米谷

ISBN：978-4-86277-391-3

Printed in Japan